Practice Worksheets

for

Caycedo Garner/Rusch/Domínguez

¡Claro que sí!

Fifth Edition

Prepared by

Debbie Rusch

Boston College

and

Lucía Caycedo Garner

University of Wisconsin—Madison, Emerita

A special thank you to Sarah Link (Boston College)
for updating the worksheets for the fifth edition.

HEINLE
CENGAGE Learning

Australia • Brazil • Japan • Korea • Mexico • Singapore • Spain • United Kingdom • United States

HEINLE
CENGAGE Learning

¡Claro que sí!: Practice Worksheets, Fifth Edition
Caycedo Garner and Debbie Rusch

For product information and technology assistance, contact us at **Cengage Learning Customer & Sales Support, 1-800-354-9706**

For permission to use material from this text or product, submit all requests online at **www.cengage.com/permissions** Further permissions questions can be e-mailed to **permissionrequest@cengage.com**

ISBN-13: 978-0-618-53304-6

ISBN-10: 0-618-53304-4

Heinle Cengage Learning
20 Davis Drive
Belmont, CA 94002-3098
USA

Cengage Learning is a leading provider of customized learning solutions with office locations around the globe, including Singapore, the United Kingdom, Australia, Mexico, Brazil, and Japan. Locate your local office at **www.cengage.com/global**

Cengage Learning products are represented in Canada by Nelson Education, Ltd.

To learn more about Heinle, visit **www.cengage.com/heinle**

Purchase any of our products at your local college store or at our preferred online store **www.cengagebrain.com**

Printed in the United States of America
5 6 7 8 9   23 22 21 20 19

CONTENTS

To the Instructor   v

Capítulo preliminar   1
Capítulo 1   5
Capítulo 2   18
Capítulo 3   27
Capítulo 4   37
Capítulo 5   45
Capítulo 6   54
Capítulo 7   63
Capítulo 8   74
Capítulo 9   82
Capítulo 10   91
Capítulo 11   101
Capítulo 12   112
Capítulo 13   125
Capítulo 14   133
Capítulo 15   141
Capítulo 16   151
Capítulo 17   160
Capítulo 18   169

Answer Key   172

TO THE INSTRUCTOR

The *¡Claro que sí!* **Practice Worksheets** offer additional practice with functions, grammar, vocabulary, and reading. These worksheets provide optional, supplementary material for instructors who would like to provide more written practice for their students. The activities are directly correlated to each chapter of *¡Claro que sí!*

Modified versions of many of the worksheet exercises are included in the ACE Practice Tests on the *¡Claro que sí!* website and on the CD-ROM.

The *¡Claro que sí!* **Practice Worksheets** offer:

- Ready-to-copy worksheets
- An answer key to all activities
- On-task practice highlighting all functions presented in the text
- Additional mechanical drill of all grammar and vocabulary presented in the text (note: translation is not used)
- Multiple-choice mini-conversations to enhance reading skills and to offer practice in selecting rejoinders
- Cloze paragraphs (deletion of words is selective and not every nth word) to further increase students' reading ability and to provide a review of all aspects of language studied

Possible uses of the worksheets:

- Homework assignments for entire class
- Basis for tutoring sessions during office hours
- Remedial assignments for individual students having specific difficulties while a chapter is in progress
- Remedial assignments after a quiz or exam highlighting students' problem areas
- Additional practice with a specific structure based on the correction of a composition (e.g., **ser/estar** + adjective)
- Individual practice for students who have missed or will miss a class (particularly valuable for student-athletes who must miss class frequently)

Worksheet correction may be done in class or the worksheets may be corrected at home by the instructor. Other options include providing students with an answer key for self-correction. If activities are used as a part of a tutoring session in office hours, instructors can go over the worksheets with students on an individual basis.

CAPÍTULO PRELIMINAR

Actividad A: The Missing Word. Complete each sentence by writing the appropriate word.

1. ¿Cómo _____ llamas?

2. ¿Cómo _____ llama Ud.?

3. ¿_____ te llamas?

4. _____ llamo Miguel.

5. ¿De _____ eres?

6. Yo _____ de Nueva York.

7. Soy _____ Arizona.

8. ¿De dónde _____ Ud.?

9. ¿_____ dónde eres?

10. ¿Cómo se _____ Ud.?

11. ¿Cómo te _____?

Actividad B: Countries. Write the countries where the following capitals are located.

1. Madrid _____
2. Buenos Aires _____
3. Lima _____
4. Santiago _____
5. Asunción _____
6. Montevideo _____
7. Quito _____
8. La Paz / Sucre _____
9. Caracas _____
10. Bogotá _____
11. Panamá _____
12. San Salvador _____
13. Tegucigalpa _____
14. Guatemala _____

15. Managua _____
16. San José _____
17. (Ciudad de) México _____
18. La Habana _____
19. San Juan _____
20. Santo Domingo _____
21. Washington, D.C. _____
22. Roma _____
23. Londres _____
24. Berlín _____
25. Ottawa _____
26. París _____
27. Lisboa _____

Actividad C: Capitals. Write the capitals of the following countries in Spanish.

1. España _____
2. Argentina _____
3. México _____
4. Guatemala _____
5. El Salvador _____
6. Honduras _____
7. Nicaragua _____
8. Costa Rica _____
9. Panamá _____
10. Colombia _____
11. Venezuela _____

12. Ecuador _____
13. Bolivia _____
14. Paraguay _____
15. Uruguay _____
16. Perú _____
17. Chile _____
18. Canadá _____
19. Francia _____
20. Inglaterra _____
21. Italia _____
22. Portugal _____

Actividad D: Spelling. Write the names of the following letters.

1. j _____
2. l _____
3. f _____
4. g _____
5. h _____
6. ll _____
7. ñ _____
8. r _____
9. t _____
10. x _____

11. z _____
12. b _____
13. v _____
14. y _____
15. ch _____
16. d _____
17. p _____
18. q _____
19. s _____
20. c _____

Actividad E: Accents. If an accent is not needed on the bold syllable, write **no** in the blank. If an accent is needed on the bold syllable, rewrite the word, adding the accent over the correct vowel.

1. capi**tal** _____
2. te**le**fono _____
3. **pe**rro _____
4. Fer**nan**dez _____
5. **a**migo _____
6. vo**cal** _____
7. pe**li**cula _____
8. Ca**na**da _____
9. re**pu**blica _____

10. ja**bon** _____
11. **fa**cil _____
12. Pa**ci**fico _____
13. **Me**xico _____
14. Pa**na**ma _____
15. **Qui**to _____
16. Do**min**guez _____
17. ha**blar** _____
18. A**me**rica _____

Actividad F: Cloze Conversations. Complete each conversation by writing the appropriate words.

1. —¿Cómo _____ llama Ud.?

   —Me _____ Ramón Pereda. ¿Y _____?

   —Carlos González. ¿De _____ es Ud.?

   —_____ de México. ¿_____ Ud.?

   —Soy _____ Panamá.

2. —¿_____ estás?

   —Bien, _____ . ¿Y _____?

   —Regular.

3. —¿_____ te llamas?

   —_____ llamo Fernando. ¿Y tú?

   —Me _____ Alicia.

   —¿_____ dónde _____?

   —Soy _____ Bolivia. ¿Y _____?

   —_____ de Venezuela.

4. —¿Cómo está _____?

   —_____ bien, gracias. ¿_____ Ud.?

   —Mal.

CAPÍTULO 1

Actividad A: Numbers. Write the following numbers.

1. 94 _____
2. 17 _____
3. 70 _____
4. 12 _____
5. 24 _____
6. 55 _____
7. 15 _____
8. 40 _____
9. 19 _____
10. 13 _____
11. 86 _____
12. 11 _____
13. 20 _____
14. 90 _____
15. 14 _____
16. 50 _____
17. 100 _____
18. 16 _____
19. 80 _____
20. 18 _____
21. 60 _____
22. 26 _____
23. 32 _____
24. 21 _____
25. 43 _____
26. 67 _____
27. 78 _____
28. 30 _____

Actividad B: Singular Forms of Nationalities. Change the following sentences to indicate the person's nationality. Substitute a subject pronoun. (Remember that nationalities are not capitalized in Spanish.)

◆   Juan es de España. *Él es español.*

1. Sonia es de Nicaragua. _____

2. La señora es de África. _____

3. Mi madre es de Colombia. _____

4. Pablo es de Guatemala. _____

5. La Sra. Vilar es de Italia. _____

6. Guillermo es de Brasil. _____

7. Alicia es de Panamá. _____

8. Sofía es de Rusia. _____

9. Alberto es de El Salvador. _____

10. Mi padre es de Chile. _____

11. El Sr. Villaveces es de Uruguay. _____

12. Rubén es de Alemania. _____

13. El señor es de Inglaterra. _____

14. Mi madre es de Irlanda. _____

15. Mi padre es de Francia. _____

16. Carmen es de Portugal. _____

17. La Sra. Gómez es de Canadá. _____

18. Angélica es de Alemania. _____

19. Francisco es de Puerto Rico. _____

20. Fernanda es de Costa Rica. _____

Actividad C: Occupations. Associate each of the following words or groups of words with an occupation, then write your answer. Include both masculine and feminine forms if applicable.

◆   J. C. Penney's, Sears – *vendedor/vendedora*

1. Hollywood _____

2. Wall Street _____

3. Pledge, Hoover, Saniflush _____

4. Colgate, Crest _____

5. hospital _____

6. un sándwich y una Coca-Cola _____

7. Milton Friedman, Alan Greenspan, dólares _____

8. teléfono _____

9. IBM, Macintosh _____

10. tenis, fútbol _____

11. Windows, teléfono, dictado, 9:00 a 5:00 _____

12. United, Delta, hoteles _____

13. examen, universidad _____

14. Alan Dershowitz, F. Lee Bailey, Johnny Cochran _____

Actividad D: Plural Forms of Nationalities. Change the following sentences to indicate the person's nationality. Substitute a subject pronoun. (Remember that nationalities are not capitalized in Spanish.)

♦   Los dentistas son de México. ***Ellos son mexicanos.***

1. Los economistas son de Venezuela. _____

2. Mis padres son de Ecuador. _____

3. Las señoras son de Francia. _____

4. Los estudiantes son de Paraguay. _____

5. Los ingenieros son de Europa. _____

6. Mis padres son de Portugal. _____

7. Las escritoras son de la República Dominicana. _____

8. Los vendedores son de Honduras. _____

9. Mis padres son de Cuba. _____

10. Los profesores son de España. _____

11. Los deportistas son de Costa Rica. _____

12. Los cantantes son de Irlanda. _____

13. Las profesoras son de Perú. _____

14. Los doctores son de Inglaterra. _____

15. Mis padres son de los Estados Unidos. _____

Actividad E: Singular Verbs. Complete each sentence by writing the appropriate forms of the verbs **llamarse, tener,** and **ser.**

1. ¿Cuántos años _____ tú?

2. No, él no _____ de San Juan.

3. Ella _____ _____ Begoña.

4. Ud. _____ 35 años, ¿no?

5. Yo _____ de Santiago.

6. Él _____ 10 años.

7. ¿De dónde _____ él?

8. ¿Cómo _____ _____ tú?

9. ¿De dónde _____ el señor García?

10. ¿Cómo _____ _____ Ud.?

11. Él _____ de España, ¿no?

12. Yo _____ 25 años.

13. Yo _____ _____ Carmen.

14. Tú _____ de Italia, ¿no?

15. Él _____ _____ Raúl.

16. La señora _____ 36 años.

17. ¿De dónde _____ Ramón?

18. El señor Balanciaga _____ 56 años.

19. ¿De dónde _____ tú?

20. Carmelita _____ 15 años.

21. ¿De dónde _____ ella?

22. Ella _____ 40 años.

23. No, yo no _____ de Santo Domingo.

24. ¿De dónde _____ Ud.?

Actividad F: Singular and Plural Verbs. Complete each sentence by writing the appropriate forms of the verbs **llamarse, tener,** and **ser.**

1. Tú _____ de Ecuador, ¿no?

2. Él _____ 23 años.

3. Mi padre _____ _____ Ramón.

4. ¿De dónde _____ vosotros?

5. Ella _____ _____ María.

6. Ramón y Paco _____ guatemaltecos.

7. Ellos no _____ 21 años.

8. Yo _____ de Chichicastenango.

9. ¿Cómo _____ _____ Uds.?

10. Ella _____ de Zaragoza.

11. Uds. _____ costarricenses, ¿no?

12. Nosotros _____ 18 años.

13. ¿De dónde _____ Uds.?

14. ¿Cómo _____ _____ tú?

15. ¿De dónde _____ Ud.?

16. ¿Cuántos años _____ tú?

17. ¿Cómo _____ _____ ellos?

18. Marcos y Hernando _____ de Guadalajara.

19. ¿Cómo _____ _____ vosotros?

20. Nosotros _____ panameños.

21. Carlos y yo _____ 20 años.

22. ¿De qué nacionalidad _____ ellas?

23. Ellos _____ _____ Víctor y Ana.

Actividad G: Question Words. Complete each question by writing the appropriate question word (**cómo, cuál, cuántos, de dónde, de qué, qué, quién, quiénes**). Remember to use accents.

1. ¿_____ años tienes?

2. ¿_____ se llaman ellos?

3. ¿_____ son ellos? ¿De Santo Domingo?

4. ¿_____ nacionalidad eres?

5. ¿_____ años tiene él?

6. ¿_____ es tu número de teléfono?

7. ¿_____ es Ud.? ¿De Colombia?

8. ¿_____ se llama Ud.?

9. ¿_____ es el origen de tu familia?

10. ¿_____ hace tu padre?

11. ¿_____ hace tu madre?

12. Y la chica de Puerto Rico, ¿_____ es?

13. Y el señor Ramírez, ¿_____ es? ¿De Venezuela?

14. ¿_____ es tu número de pasaporte?

15. Y el señor de Costa Rica, ¿_____ se llama?

Actividad H: Information Questions and Answers. Read the following information questions and write an appropriate answer for each. Use complete sentences.

1. ¿Cuántos años tiene tu madre?

   _____

2. ¿Cómo te llamas?

   _____

3. Somos de Madrid. ¿Y Ud.?

   _____

4. ¿Cuántos años tienes?

   _____

5. ¿Cuál es tu número de teléfono?

   _____

6. ¿De qué nacionalidad es él?

   _____

7. ¿Cuántos años tiene Tomás?

   _____

8. ¿Cómo se llama ella?

   _____

9. ¿De dónde es Paco?

   _____

10. ¿Quiénes son bolivianos?

   _____

11. ¿De dónde son Fernando y Jorge?

   _____

12. ¿Cómo se llaman ellos?

   _____

13. Soy nicaragüense. ¿Y tú?

   _____

14. ¿Cuántos años tiene tu padre?

   _____

15. ¿De dónde eres?

   _____

16. ¿Cuántos años tiene ella?

   _____

17. ¿De dónde son Uds.?

   _____

18. ¿Cómo se llaman ellas?

_____

19. ¿De dónde es tu madre?

_____

20. ¿Cómo se llama Ud.?

_____

21. ¿De dónde es María?

_____

22. ¿Cómo se llama tu padre?

_____

23. ¿De qué nacionalidad son Uds.?

_____

24. ¿De dónde son Ana y Luisa?

_____

25. Soy de Panamá. ¿Y tú?

_____

26. ¿Quién es él?

_____

27. ¿Quién es ella?

_____

28. ¿De dónde son ellos?

_____

29. ¿Cómo se llama tu madre?

_____

30. ¿De dónde es Ud.?

_____

31. ¿Quiénes son cubanos?

_____

32. ¿De dónde es tu padre?

_____

33. ¿Cuántos años tiene tu padre?

_____

34. ¿De dónde sois vosotros?

_____

Actividad I: Questions and Affirmative Answers. Read the following yes/no questions and write an affirmative answer for each. Use complete sentences. Remember that **sí** has an accent and is followed by a comma.

1. ¿Es Ramón?

   _____

2. ¿Es puertorriqueño Gonzalo?

   _____

3. Eres de Bogotá, ¿no?

   _____

4. Ud. es de Viña del Mar, ¿no?

   _____

5. ¿Son peruanos Aarón y Víctor?

   _____

6. ¿Tiene Ud. 21 años?

   _____

7. Ellos tienen 18 años, ¿no?

   _____

8. Uds. son salvadoreños, ¿no?

   _____

9. Te llamas Margarita, ¿no?

   _____

Actividad J: Questions and Negative Answers. Read the following questions and write a negative answer for each. There may be two possibilities for each answer.

◆ ¿Eres de Panamá?
No, (yo) no soy de Pamaná. / No, (yo) soy de + **another country.**

1. ¿Eres María?

   _____

2. ¿Tienes 21 años?

   _____

3. ¿Eres canadiense?

   _____

4. ¿Son Paula y Teresa?

   _____

5. ¿Es chilena Isabel?

   _____

6. ¿Es Ud. de Colombia?

   _____

7. ¿Te llamas Pablo?

   _____

8. ¿Son Uds. argentinos?

   _____

Actividad K: Mini-conversations. Read each of the following conversations and write the letter of the logical completion.

1. —¿Cómo te llamas?
   —Marisel.

   — _____

   a. Igualmente.
   b. Encantado.
   c. Se llama Rafael.

2. —¿Cómo se llama?
   —¿Quién, él?

   — _____

   a. No, ella.
   b. No, tú.
   c. No, ellos.

3. —Soy de México. ¿Y Ud.?

   — _____

   a. Soy de San José también.
   b. Soy de Honduras.
   c. No, soy de Costa Rica.

4. —¿Eres de San Juan?

   — _____

   a. No, no soy de San José.
   b. No, soy de San Juan.
   c. No, soy de San José.

5. —¿Cómo se llaman ellos?

   — _____

   a. Me llamo Ana y él se llama Miguel.
   b. Se llaman Elena y Pepe.
   c. Se llaman Victoria y Elisa.

6. —¿De dónde es Pablo?
   —Es de Santiago.

   — _____

   a. Ah, es suramericano.
   b. Ah, es centroamericano.
   c. Ah, es venezolano.

Actividad L: Cloze Paragraph. Complete the paragraph by writing the appropriate words.

Hola. _____ llamo Carmen Fernández Fernández. _____

de Madrid, la _____ de España. _____ secretaria. Tengo 32

_____ . Mi padre _____ llama Fernando Fernández

González y _____ de Madrid también. Él es hombre de

_____ . Mi madre se _____ Elisa Fernández Durán. Ella no

_____ española; es _____ , es _____

Bogotá. Ella es _____ de casa.

CAPÍTULO 2

Actividad A: Common Objects. Associate each of the following words or groups of words with common objects, then write your answer.

1. Nikon, Canon _____

2. *Washington Post, New York Times* _____

3. discos compactos _____

4. Bon Jovi, Jerry García, Andrés Segovia _____

5. Chanel número 5 _____

6. $[(243 + 456) - 537] \times 985 = n$ _____

7. Crest, Colgate _____

8. Suave, Prell, Vidal Sassoon _____

9. Apple, IBM, Microsoft _____

10. Dial, Ivory _____

11. Gillette, Norelco _____

12. WIBA-AM, WHIP-FM _____

13. 5:30 P.M. _____

14. *Time, Newsweek, Sports Illustrated, Vogue* _____

15. Zenith, RCA _____

16. 1-900-555-8957 _____

17. mesa, estudiar _____

18. Agatha Christie, Gabriel García Márquez, James Clavell _____

19. cassettes _____

20. Startac, Nokia _____

Actividad B: Class Subjects. Write the subject that you associate with the following clues.

1. $(23 \times 4)(20 - 6) = n$ _____

2. Isabel Allende, Edgar Allan Poe, Miguel de Cervantes _____

3. plantas, animales, Darwin _____

4. Rembrandt, Diego Rivera, Frida Kahlo, Andy Warhol _____

5. adjetivos, Shakespeare, verbos, composiciones _____

6. 1492, Ponce de León, George Washington, 1776, Simón Bolívar

   _____

7. Lee Iacocca, Donald Trump, dinero, bancos, Wall Street

   _____

8. la mujer y la familia en Hispanoamérica _____

Actividad C: Common Verbs. Associate each of the following words or groups of words with a verb, then write your answer.

1. Gary Hall, agua, Malibu, Janet Evans _____
2. ballet, tango, rumba _____
3. sándwich _____
4. Coca-Cola, Pepsi, vino, café _____
5. examen, libro, universidad _____
6. español, inglés, teléfono _____
7. el maratón de Boston, Alberto Salazar, Florence Griffith Joyner

   _____
8. Vail, Steamboat, Aspen _____
9. discos compactos, cassettes _____
10. Plácido Domingo, ópera, Montserrat Caballé _____
11. composiciones _____
12. periódicos, novelas, revistas _____
13. 9:00 a 5:00 _____
14. televisión _____

Actividad D: Days of the Week. Write the day that follows in each series. Remember: days of the week are not capitalized in Spanish.

1. sábado, domingo, _____
2. viernes, sábado, _____
3. martes, miércoles, _____
4. miércoles, jueves, _____
5. domingo, lunes, _____
6. jueves, viernes, _____
7. lunes, martes, _____

Actividad E: *El, la, los,* or *las.* For each word, write the appropriate definite article (**el, la, los, las**).

1. toalla _____
2. cepillos _____
3. cama _____
4. escritorio _____
5. lámparas _____
6. silla _____
7. cámara _____
8. máquinas de afeitar _____
9. periódicos _____
10. reloj _____
11. plantas _____
12. estéreo _____
13. guitarra _____
14. perfumes _____
15. calculadora _____
16. champú _____
17. cintas _____
18. crema _____
19. diccionario _____
20. discos compactos _____
21. grabadora _____

22. jabón _____
23. mesas _____
24. novela _____
25. peine _____
26. revistas _____
27. sofá _____
28. televisor _____
29. teléfonos _____
30. ciudad _____
31. video _____
32. noche _____
33. tarde _____
34. día _____
35. problema _____
36. programas _____
37. universidad _____
38. información _____
39. director _____
40. actores _____
41. especialidad _____
42. nación _____
43. lápiz _____

Actividad F: Singular and Plural Nouns. Write the following words in the plural. Remember to change the definite article.

1. el disco compacto _____
2. la silla _____
3. la ciudad _____
4. el lápiz _____
5. la nación _____
6. el examen _____
7. la ingeniera _____
8. el hombre _____
9. la cinta _____
10. la mesa _____

11. la novela _____
12. la revista _____
13. el periódico _____
14. la universidad _____
15. la actriz _____
16. el doctor _____
17. el televisor _____
18. el escritorio _____
19. la cama _____

Actividad G: *Gustar* + **Article** + **Noun.** Complete each sentence by writing the appropriate word (**me, te, le, nos, os, les**) or form of the verb **gustar**.

1. A José y a Víctor _____ gusta el video.

2. A mí _____ gusta el disco compacto.

3. A Ramón _____ gusta la universidad.

4. A ti _____ gustan las plantas.

5. ¿A Ud. _____ gusta la televisión?

6. A nosotros _____ gusta el programa.

7. A ti _____ gustan las plantas.

8. ¿Le _____ el perfume?

9. ¿A vosotros _____ gusta la música?

10. No me _____ la biología.

11. A ella _____ gusta la sangría.

12. A nosotros nos _____ la universidad.

13. A Vicente y a mí _____ gusta la novela.

14. A Ana y a ti _____ gusta el vino, ¿no?

15. Me _____ el té.

16. A ellos _____ gusta el café.

17. ¿Te _____ los discos compactos?

18. ¿A Ud. le _____ la literatura?

19. ¿A Uds. les _____ las clases?

20. Al Sr. Vicens y a Ud. _____ gusta la ciudad, ¿no?

21. Me _____ las matemáticas.

22. A la Sra. Guzmán no _____ gusta la clase.

Actividad H: *Gustar* + **Infinitive or Article + Noun.** Complete each sentence by writing the appropriate word (**me, te, le, nos, os, les**) or form of the verb **gustar.**

1. A Juan _____ gustan las cámaras Nikon.

2. Al Sr. Ramírez le _____ esquiar.

3. ¿A Ud. le _____ estudiar inglés?

4. Nos _____ cantar y escribir poemas.

5. A ellos les _____ leer novelas de detectives.

6. A Paulina le _____ las revistas *Cambio 16* y *¡Hola!*

7. A Pepe y a mí _____ gusta bailar salsa.

8. A Ana le _____ mirar videos y leer libros.

9. A Marion Jones le _____ correr.

10. A ellos _____ gusta escuchar música clásica.

11. A mí no me _____ los exámenes de biología.

12. A Ricky Martin le _____ cantar, bailar y vivir la vida loca.

13. ¿A Ud. _____ gusta comprar cintas o discos compactos?

Actividad I: *Tener que* + **Infinitive.** Complete each sentence by writing the appropriate form of the verb **tener.**

1. Jorge _____ que correr cinco kilómetros mañana.

2. Tú _____ que estudiar más.

3. Yo _____ que estudiar esta noche.

4. Carlos, _____ que comprar pasta de dientes.

5. Uds. _____ que trabajar el sábado.

6. Vosotros _____ que leer la novela esta noche.

7. ¿_____ que cantar Ud. el sábado?

8. ¿_____ que estudiar Marcos y tú la semana que viene?

9. ¿_____ que trabajar la Sra. Beltrán y Ud. mañana?

10. Yo _____ que ir a la clase de biología.

Actividad J: *Ir a* + **Infinitive.** Complete each sentence by writing the appropriate form of the verb **ir.**

1. ¿Qué _____ a hacer tú mañana?

2. El sábado mi padre _____ a comprar un sofá.

3. Yo _____ a bailar en el Club Caribe esta noche.

4. ¿_____ a trabajar Ud. esta noche?

5. ¿Qué _____ a comprar Uds.?

6. ¿_____ a correr vosotros mañana?

7. Roberto y yo _____ a estudiar esta tarde.

Actividad K: Questions and Answers. Read the following questions and write an appropriate answer for each. Use complete sentences.

1. ¿Te gusta bailar?

    _____

2. ¿Tienes que estudiar esta noche?

    _____

3. ¿A Ud. le gusta esquiar?

    _____

4. ¿Vas a cantar esta noche?

    _____

5. ¿Van a trabajar Uds. esta noche?

    _____

6. ¿A Ud. le gusta más beber Coca-Cola o Pepsi?

    _____

7. ¿Va a comprar una computadora Juan?

    _____

8. ¿A Ana y a ti les gusta nadar?

    _____

9. ¿De quién es el estéreo?

    _____

Actividad L: Mini-conversations. Read each of the following conversations and write the letter of the logical completion.

1. —¿Qué vas a hacer mañana?
   —Voy a esquiar. ¿Y tú?

   —_____

   a. Me gusta esquiar también.
   b. Vas a mirar la televisión.
   c. Voy a correr 5 kilómetros.

2. —¿Tienes que estudiar esta noche?
   —Sí, tengo un examen.
   —¿Cuándo?

   —_____

   a. El lunes.
   b. Hoy.
   c. Esta tarde.

3. —¿Tienes un video?
   —Sí, pero no es mi video.
   —¿De quién es?

   —_____

   a. Es mi video.
   b. Son de Ramón.
   c. Es de Rafael.

4. —¡Ah! Tienes café.
   —Sí, es de Colombia. ¿Te gusta el café?

   —_____

   a. ¡Claro que sí!
   b. Sí, le gusta mucho.
   c. ¿De veras?

5. —¿De quién es la toalla?
   —Es de Marisel.
   —¿Y de quiénes son los peines?

   —_____

   a. Es de Marisel también.
   b. Son de Diana y de Teresa.
   c. Por supuesto.

6. —¿Te gustan más los discos compactos o los cassettes?
   —A mí me gustan más los discos compactos.

   —_____

   a. A mí sí.
   b. A mí también.
   c. A mí también me gustan más los cassettes.

7. —¿Qué tienen que hacer Uds. la semana que viene?
   —Tenemos que comprar una computadora. ¿Y Uds.?

   —_____

   a. Mañana tenemos que trabajar.
   b. Yo tengo que estudiar y Carmen tiene que escribir una composición.
   c. Tienen que comprar una computadora también.

8. —Plácido Domingo va a cantar el sábado. ¿Te gusta la ópera?
   —Sí, me gusta mucho.
   —¿Y a tu padre le gusta?

   —_____

   a. Sí, te gusta.
   b. No, le gusta.
   c. Sí, le gusta mucho.

Actividad M: Cloze Paragraphs. Complete each paragraph by writing the appropriate words.

1. Hola. Me _____ José Peña Porta. Soy _____
Madrid, pero mis padres _____ de La Coruña. Tengo _____
examen _____ lunes y tengo _____ estudiar, pero hoy
_____ viernes y Marta y yo _____ a bailar esta
_____ . Mañana voy _____ estudiar.

2. Soy Jesús Coello Rodríguez y _____ de México.
_____ gusta nadar, cantar, bailar y escuchar música. Por eso me
_____ visitar Acapulco. Voy _____ estudiar música en
_____ universidad. Me gusta _____ música clásica, pero
también me _____ el jazz.

3. Hoy tengo _____ estudiar porque _____ un
examen final _____ . Mi amigo Lorenzo _____ que
trabajar; no le _____ , pero tiene que _____ . Lorenzo y
yo vamos _____ salir _____ noche porque
_____ gusta bailar y escuchar _____ .

4. Mi padre _____ que estudiar español porque _____
a trabajar en Puerto Rico, por eso va a ir a _____ universidad. Le gusta mucho
Puerto _____ porque le _____ nadar y escuchar y bailar
salsa. Va a comprar _____ libro de español y _____
cassettes. _____ clases _____ lunes, los miércoles y los
jueves en la _____ .

CAPÍTULO 3

Actividad A: Places. Associate each of these groups of words with places, then write your answer.

♦   Julia Roberts, Tom Hanks – *el cine*

1. católico, protestante _____

2. kleenex, Advil, jabón, Walgreens _____

3. nadar, Océano Pacífico, Mar Caribe, Acapulco _____

4. tomates, Coca-Cola, cereal, papas _____

5. profesores, estudiantes, libros _____

6. libros, papel, dólares, comprar _____

7. libros, leer, estudiar, estudiantes _____

8. secretaria, computadora, fax, escritorio _____

9. nadar, hotel, club, YMCA/YWCA _____

10. Shakespeare, Broadway _____

11. comprar, vender, papel, champú, discos compactos, etc. _____

12. AAA, agente, Southwest _____

13. sándwich, comer _____

Actividad B: Antonyms. Write an antonym (opposite) for each of the following adjectives.

1. tonto _____
2. malo _____
3. simpático _____
4. viejo _____
5. moreno _____
6. feo _____
7. bueno _____
8. mayor / viejo _____
9. gordo _____
10. corto _____
11. alto _____
12. inteligente _____
13. delgado _____
14. nuevo _____
15. grande _____
16. antipático _____
17. bonito _____
18. pequeño _____
19. largo _____
20. bajo _____
21. guapo _____
22. estúpido _____
23. flaco _____
24. joven _____
25. rubio _____

Actividad C: Verb Conjugations. Complete each of the following sentences by choosing the logical verb and writing its appropriate form.

1. Yo _____ mucho en la clase de economía. (aprender, regresar)

2. Ellos _____ composiciones todas las semanas. (tocar, escribir)

3. Nosotros _____ en la piscina del hotel. (vivir, nadar)

4. ¿Qué _____ Uds.? (necesitar, vivir)

5. ¿Dónde _____ tus padres? (llevar, vivir)

6. La tienda _____ periódicos. (estudiar, vender)

7. ¿_____ vosotros en la biblioteca o en casa? (estudiar, desear)

8. Yo _____ con mi novia, Victoria. (salir, recibir)

9. Carmen y Felipe _____ el piano muy bien. (tocar, cantar)

10. Los viernes mi novio y yo _____ con amigos. (mirar, salir)

11. Roberto y yo _____ en un restaurante todos los sábados. (usar, comer)

12. Tú _____ español todos los días. (hablar, visitar)

13. ¿Te gusta _____ la televisión? (beber, mirar)

14. Tengo que _____ una novela esta noche. (leer, bailar)

15. Mi padre _____ comprar una computadora. (recibir, necesitar)

16. ¿_____ Ramón con Alejandra? (vivir, llevar)

17. Ellas _____ Coca-Cola, pero a mí me gusta más la Pepsi. (comprar, caminar)

18. Yo _____ café todas las mañanas. (beber, caminar)

19. ¿_____ vosotros mañana? (usar, regresar)

20. Isabel Allende _____ novelas. (aprender, escribir)

21. ¿_____ bien tú? (visitar, bailar)

22. ¿_____ Ud. música clásica o música popular? (escuchar, correr)

Actividad D: Verbs with Irregular *yo* Forms. Complete each of the following sentences by choosing the logical verb and writing its appropriate form.

1. Carmen y Ramón no _____ la computadora hoy. (saber, traer)

2. Yo _____ la tarea por la mañana. (hacer, poner)

3. El autobús _____ esta tarde. (hacer, salir)

4. Yo no _____ a Carlos. ¿Dónde está? (traer, ver)

5. —¿Dónde _____ (yo) mis libros? (poner, saber)

   —En la mesa.

6. ¿Vas a _____ los cassettes? (traer, salir)

7. El niño no _____ nada. (ver, salir)

8. Mi madre _____ de la oficina por la tarde. (salir, poner)

9. Bueno, entonces yo _____ el vino y tú las papas fritas. (traer, salir)

10. —¿Cuándo vas a Viña del Mar?

    —_____ mañana. (traer, salir)

11. —¿Traducen Uds. libros al inglés?

    —No, nosotros no _____ al inglés. (ofrecer, traducir)

12. La universidad _____ cinco clases de español. (salir, ofrecer)

13. —¿Tocas el piano?

    —Sí, toco muy bien y también _____ cantar y bailar. (saber, hacer)

14. —¿Vas a estudiar el sábado?

    —¡Yo no _____ nada los sábados! (hacer, traer)

15. Yo _____ los documentos de la oficina. (ofrecer, traducir)

Actividad E: *Ser* or *estar*.   Complete the following sentences by writing the appropriate form of **ser** or **estar**.

1. El señor _____ borracho.

2. El señor siempre _____ borracho.

3. El actor _____ bajo y guapo.

4. Romeo y Julieta _____ enamorados.

5. Los abogados _____ muy inteligentes.

6. Tu amigo Jesús _____ loco.

7. En la clase de economía, nosotros _____ aburridos porque la profesora no habla, ella lee.

8. Nosotros _____ simpáticos, pero ellos no.

9. Juan y Carlos siempre _____ aburridos en la clase de historia.

10. Mi profesor de historia _____ muy simpático.

11. Yo no _____ estúpido.

12. Tu computadora _____ muy pequeña.

13. Nosotros _____ muy tristes.

14. Vosotros _____ muy simpáticos.

15. El médico _____ preocupado.

16. Tú _____ loca.

17. Tu apartamento _____ grande.

18. Yo _____ muy cansada.

19. Mis profesores _____ enojados porque no estudio.

20. El novio de Fernanda _____ alto y delgado.

21. Ellos _____ muy guapos hoy.

22. ¡Treinta minutos! Tu clase _____ muy corta.

23. ¿_____ contentas vosotras?

24. El profesor _____ muy aburrido, por eso no voy a clase todos los días.

25. Mi dentista _____ enfermo hoy.

26. Mi madre _____ lista; va a salir ahora.

27. Mi padre _____ listo. Trabaja con computadoras.

28. El café _____ malo. Tiene cafeína.

29. El café _____ malo hoy. ¿Tienes té?

30. Víctor _____ muy guapo.

31. Gracias, Ud. _____ muy simpática.

NOMBRE _____ FECHA _____

Actividad F: Adjective Agreement. Complete each sentence by writing the appropriate form of the indicated adjective.

1. Ellas son _____. (alto)
2. Carlos y Ramón son _____. (simpático)
3. Mi profesora de historia es _____. (aburrido)
4. Nosotros somos muy _____. (inteligente)
5. Hoy ella está muy _____. (guapo)
6. Mi abogado es _____. (cómico)
7. Los señores son _____. (gordo)
8. El novio de María es _____. (feo)
9. Tu computadora es muy _____. (pequeño)
10. El señor _____ trabaja mucho. (delgado)
11. La señora _____ baila muy bien. (alto)
12. Mi clase de inglés es muy _____. (aburrido)
13. Mi madre está _____. (preocupado)
14. Mis padres están _____. (enfermo)
15. Ellos son _____. (realista)
16. Mi amigo es _____. (idealista)
17. Son _____ discos. (mi)
18. Es _____ mesa. (nuestro)
19. Es _____ clase. (su)
20. ¿Cómo son _____ clases? (tu)

Actividad G: Adjective Placement. Rewrite each of the following sentences in the correct order. Add any necessary words and supply the correct forms of the verb and adjectives given.

◆ bajo / mi / ser / profesora / historia
Mi profesora de historia es baja.

1. abogado / simpático / mi / ser

   _____

2. estar / doctora / tu / enferma

   _____

3. madre / mi / ingeniera / fantástico / ser

   _____

4. cuatro / yo / discos compactos / necesitar

   _____

5. tener / amigos / ellos / mucho

   _____

6. importante / tener / examen / nosotros

   _____

7. trabajar / en / pequeño / ella / tienda

   _____

8. nosotros / restaurante / ir / argentino / a

   _____

Actividad H: Actions in Progress. Complete each of the following sentences by choosing the logical verb and writing the appropriate form of **estar** + *present participle.*

1. —¿Qué haces?

    —_____ ; tengo un examen mañana. (estudiar, bailar)

2. —¿Dónde está tu padre?

    —No está en casa; _____ en la oficina. (llevar, trabajar)

3. —¿Está Felipe?

    —Sí, pero _____ en la piscina ahora. (correr, nadar)

4. —¿Vas a ir a la tienda ahora?

    —Ahora no, _____ una composición. (escribir, ver)

5. —¿Dónde están Ana y Paula?

    —_____ en un restaurante. (desear, comer)

6. —¿Dónde está Martita?

    —En la biblioteca. _____ la computadora. (usar, tocar)

7. —¿Qué hace Julio?

    —_____ el periódico. (leer, trabajar)

8. —¿Por qué no estudias?

    —Porque _____ planes con amigos. Voy a salir. (hacer, regresar)

Actividad I: Mini-conversations. Read each of the following conversations and write the letter of the logical response.

1. —¿Tienes que estudiar esta noche?
   —Sí, pero tengo que trabajar.
   —¿Trabajas los lunes?

   — _____

   a. Sí, y los martes y viernes, también.
   b. Sí, tengo un examen.
   c. No, pero los lunes sí.

2. —¿Te gustaría una Coca-Cola?

   — _____

   a. No, como poco.
   b. Sí, me gusta.
   c. No, bebo Pepsi.

3. —¿Qué escuchan Uds.?

   — _____

   a. Una revista.
   b. Sí, escuchamos.
   c. Unos discos compactos.

4. —¿Vas a ir a la tienda?
   —No, tengo que estudiar.
   —Entonces, ¿adónde vas?

   — _____

   a. A la tienda.
   b. A la librería.
   c. A la biblioteca.

5. —¿Te gusta Humphrey Bogart?
   —Sí, me gusta mucho.
   —Es un actor fantástico.
   —¿Vamos al cine esta noche?

   — _____

   a. No, tengo que escribir una
      composición.
   b. Me gusta mirar la televisión.
   c. No, van al teatro.

6. —Necesito aspirinas.
   —¿Adónde vas?

   — _____

   a. Voy a la escuela.
   b. Voy a la farmacia.
   c. Voy a la iglesia.

7. —¿De quién son los discos compactos?
   —Son de Pablo.
   —¿Y las cintas?

   — _____

   a. Es su cinta.
   b. Son sus cintas, también.
   c. No, no son de Jorge.

8. —¿Cómo está tu padre hoy?

   — _____

   a. Muy enferma.
   b. Muy inteligente.
   c. Muy cansado.

9. —¿Cómo son tus profesores?

   — _____

   a. Inteligente.
   b. Interesantes.
   c. Aburridas.

Actividad J: Cloze Paragraphs. Complete each paragraph by writing the appropriate words.

1. Mi amigo Juanjo y su novia son muy diferentes. Él es alto y ella es

_____. Ella es delgada y él es _____. Él es un estudiante

_____ y ella es _____ estudiante _____.

Es interesante, pero ellos _____ buenos amigos.

2. Mis profesores _____ muy interesantes. Mi profesor

_____ historia es muy serio. Él _____ alto, delgado y

rubio. Mi profesora de literatura _____ joven e inteligente. Ella

_____ loca. Ella _____ cinco novelas cada semana. Increíble,

¿no? Mi _____ de economía es activo. Él _____ cinco

kilómetros todos los días en la piscina de la universidad. Todos _____ profesores

son diferentes.

3. Mi novia y yo _____ en una tienda porque _____

dinero para la universidad. La tienda no _____ grande, es

_____. La tienda es de _____ madre de

_____ novia. Mi novia y yo tenemos _____ clases diferentes.

Nosotros _____ inteligentes, pero _____ que estudiar

mucho. Ella _____ los lunes y los miércoles en la tienda y yo

_____ los martes y los jueves. Los sábados _____ en un

restaurante y vamos _____ cine.

CAPÍTULO 4

Actividad A: Body Parts/Reflexive Verbs. Write the word that does not belong in each of the following groups.

1. mano, dedos, estómago, brazo _____
2. ojos, boca, oídos, piernas _____
3. espalda, barba, bigote, pelo _____
4. ojos, labios, lengua, boca _____
5. peinarse, dedo, cepillarse, pelo _____
6. rodilla, brazo, codo, hombro _____
7. afeitarse, barba, bigote, codo _____
8. mano, cara, maquillarse, ojos _____
9. peinarse, maquillarse, pelo, cepillarse _____
10. hablar, escuchar, boca, lengua _____
11. espalda, correr, piernas, pies _____
12. espalda, hombros, estómago, pie _____
13. afeitarse, oreja, pierna, cara _____

Actividad B: Months. Write the month that follows in each series.

1. diciembre, enero, _____
2. julio, agosto, _____
3. febrero, marzo, _____
4. octubre, noviembre, _____
5. junio, julio, _____
6. marzo, abril, _____
7. septiembre, octubre, _____
8. mayo, junio, _____
9. enero, febrero, _____
10. agosto, septiembre, _____
11. noviembre, diciembre, _____
12. abril, mayo, _____

Actividad C: Writing Dates. Write the following dates.

1. 2/4 _____
2. 1/5 _____
3. 25/12 _____
4. 4/1 _____
5. 9/8 _____
6. 4/7 _____
7. 14/2 _____
8. 30/6 _____
9. 31/12 _____
10. 24/12 _____

Actividad D: Seasons. Write the season that you associate with these words.

1. nadar _____
2. esquiar en Colorado _____
3. junio, julio, agosto en España _____
4. junio, julio, agosto en Chile _____
5. diciembre, enero, febrero en los Estados Unidos _____
6. diciembre, enero, febrero en Argentina _____
7. marzo, abril, mayo en Madrid _____
8. marzo, abril, mayo en Buenos Aires _____
9. septiembre, octubre, noviembre en Nueva York _____
10. septiembre, octubre, noviembre en Viña del Mar, Chile _____

Actividad E: Reflexive Verbs. Complete each of the following sentences by choosing the logical verb and writing its appropriate form. Some are reflexives and some are not.

1. Mi padre siempre _____ por la mañana. (afeitarse, quitarse)

2. Los hombres _____ todos los días. (afeitarse, maquillarse)

3. Yo _____ los dientes después de comer. (peinarse, cepillarse)

4. Los niños son muy buenos. Siempre _____ las manos antes de comer. (quitarse, lavarse)

5. Los lunes, nosotros _____ temprano. (quitarse, levantarse)

6. Vosotros _____ temprano, ¿no? (levantar, levantarse)

7. Los fines de semana, yo _____ tarde. (levantarse, ponerse)

8. El pelo de Juan está muy feo. No sé por qué no _____. (levantarse, peinarse)

9. ¿Qué vas a _____ para ir a la fiesta? (poner, ponerse)

10. Tengo que _____ la ropa hoy. (lavar, lavarse)

Actividad F: Reflexives in Questions/Answers. Answer each of the following sentences. Some are reflexives and some are not.

1. ¿Te levantas temprano o tarde?

   _____

2. ¿Te bañas o te duchas normalmente?

   _____

3. ¿Te afeitas la barba?

   _____

4. ¿Se maquilla mucho Michael Jackson?

   _____

5. ¿Uds. se cepillan los dientes con Crest?

   _____

6. ¿Se afeita Ud. las piernas?

   _____

7. ¿Se peina Michael Jordan?

   _____

Actividad G: Personal *a* and the Preposition *a*. Fill in the blanks with **a** if the personal **a** or the preposition **a** is needed. Leave blanks empty if neither is required.

1. Veo _____ tu padre.

2. No veo _____ la televisión.

3. ¿_____ ti te gusta la clase?

4. _____ Fernando y _____ mí nos gusta esquiar.

5. Traigo _____ los cassettes.

6. Vamos _____ comer en un restaurante, ¿no?

7. Nosotros visitamos _____ mis padres todos los sábados.

8. ¿No ves _____ Ramón? Está allí.

9. No sé _____ su nombre.

10. Van a ir _____ la tienda.

11. No bebo _____ café porque tiene cafeína.

Actividad H: *Saber* **vs.** *conocer.* Complete each of the following sentences by writing the appropriate form of the verbs **saber** or **conocer.**

1. ¿_____ tú el número de teléfono de Rafael?

2. ¿_____ tú a María?

3. Ellos no _____ la respuesta.

4. Pablo _____ a mi profesor de cálculo y no le gusta.

5. ¿_____ Ud. dónde está el restaurante La Corralada?

6. Perdón, pero yo no _____ tu nombre.

7. ¿_____ tú el libro *El amor en los tiempos del cólera*?

8. ¿_____ Uds. Caracas? Tengo que ir la semana que viene.

9. Yo no _____ a tu familia.

10. ¿_____ tú si debo usar **saber** o **conocer** en esta pregunta?

11. Carlos no _____ dónde vives.

12. Yo _____ el Museo de Arte Contemporáneo de Madrid.

13. ¿_____ tu padre ir a casa de Magdalena?

Actividad I: Demonstrative Adjectives and Pronouns. Complete each conversation by writing the appropriate demonstrative adjectives and pronouns.

1. —_____ sándwich que esta allí es de Pedro, ¿verdad?

    —Sí, y_____ que está allá es de Enrique.

    —Entonces, voy a comer _____ sándwich que está aquí.

2. —¿Ves a _____ chica que está allí?

    —Sí. Se llama Gabriela, ¿no?

    —No, _____ se llama Carolina. Gabriela es _____

    chica que está allá.

3. —No sé dónde está mi móvil.

    —¿Es _____ que tengo en la mano?

4. —¿Te gusta _____computadora que está aquí?

    —No, _____es demasiado grande. Me gustan más

    _____computadoras que están allá.

    —¿Cuáles?

    —_____ que están en la mesa. Son pequeñas y no cuestan mucho.

    —_____ me gustan porque no tengo mucho dinero.

Actividad J: Weather, Months, and Seasons. Correct the following sentences by changing the words in boldface. Write the correct information in the blanks.

1. En invierno **hace calor.** _____

2. En verano **hace frío.** _____

3. En Argentina **la primavera** es en abril. _____

4. En los Estados Unidos no hay clases en julio porque es **invierno.**

    _____

5. Cuando es el verano en España es **primavera** en Chile.

    _____

6. En Alaska **llueve** en invierno. _____

7. En Puerto Rico **hace mal tiempo.** _____

8. **Junio, julio y agosto** son los tres meses de verano en Chile.

    _____

9. Septiembre, octubre y noviembre son los tres meses de **primavera** en los Estados Unidos.

    _____

Actividad K: Mini-conversations. Read each of the following conversations and write the letter of the logical response.

1. —¿Podría hablar con Juan?

— _____

   a. Ahora no. Se está duchando.
   b. Ahora no. Se está peinando.
   c. Ahora no. Está maquillándose.

2. —¿Cuánto es este disco compacto?
   —1.900 pesetas.
   —¿Y aquel cassette?

— _____

   a. ¿Aquello?
   b. Aquel cassette es 1.800 pesetas.
   c. Eso es muy barato.

3. —Carlos desea trabajar en Santo Domingo.

— _____

   a. Aquél no me gusta.
   b. Ésa no me gusta.
   c. Eso no me gusta.

4. —¿Conoces a Felipe?
   —Es alto y moreno, ¿no?
   —No, es bajo y rubio.

— _____

   a. Pues sí, conoces a Felipe.
   b. Entonces, conozco a Felipe.
   c. Pues, entonces no sé quién es.

5. —¿Cuál es la fecha de hoy?

— _____

   a. Hoy es martes.
   b. Es el tres de octubre.
   c. Es el segundo.

6. —No sé qué ropa ponerme. ¿Qué tiempo hace?

— _____

   a. Es invierno.
   b. Cuando hace viento.
   c. Hace frío y nieva.

Actividad L: Cloze Paragraphs. Complete each paragraph by writing the appropriate words.

1. Por la mañana me _____ temprano. Me _____ el pijama, entro en el baño y _____ ducho. Después me _____ los _____ con Crest. Después _____ afeito y miro _____ hombre del tiempo en _____ televisión para saber qué tiempo _____. Me pongo la _____ y _____ de casa. _____ en una cafetería y mientras el señor _____ haciendo el café, yo _____ el periódico.

2. Todas las personas _____ mi oficina trabajan mucho cuando _____ el jefe. Pero hoy no está, entonces _____ empleados están trabajando _____. Ahora, Carmen está maquillándose los _____ porque va a _____ con su novio _____ tarde. Raúl está _____ la radio y Felipe está _____ el periódico. Yo estoy terminando _____ carta para mi jefe, pero _____ a salir temprano porque _____ gustaría comprar unas cintas. _____ una promoción hoy _____ la tienda de Jazzman.

Actividad M: Cloze Conversation. Complete the following conversation by writing the appropriate words.

—¿Conoces _____ disco compacto que tengo en _____ mano?

—Sí, es _____ Chick Corea.

—¿Conoces _____ Chick Corea?

—¡Claro! Es fantástico.

—Y _____ allí es de Miles Davis. ¡Qué bueno!

—¿Ves discos _____ salsa?

—Aquéllos _____ de salsa. Allí hay _____ disco de Juan Luis Guerra.

—_____ discos compactos son muy buenos aquí.

—Sí, y _____ baratos.

—_____ me gusta.

CAPÍTULO 5

Actividad A: Telling Time. Write what time it is.

◆   12:00 – *Son las doce.*

1.   1:00 _____
2.   9:55 _____
3.   5:00 _____
4.   3:40 _____
5.   5:45 _____
6.   11:00 _____
7.   1:05 _____
8.   4:15 _____
9.   9:00 _____
10.   6:20 _____
11.   7:50 _____
12.   7:00 _____
13.   8:25 _____
14.   10:30 _____
15.   12:35 _____
16.   2:00 _____
17.   3:00 _____
18.   2:10 _____

Actividad B: Question/Answer Time Expressions. Answer each of the following sentences according to the cue provided.

1. ¿A qué hora es el programa? (7:30)

   _____

2. ¿A qué hora vas a ir? (1:15)

   _____

3. ¿Qué hora es? (2:45)

   _____

4. ¿A qué hora es la fiesta? (8:00)

   _____

5. ¿Cuándo viene Pablo? (1:00)

   _____

6. ¿A qué hora es la película? (9:10)

   _____

7. ¿Qué hora es? (4:40)

   _____

8. ¿A qué hora es la clase de inglés? (10:04)

   _____

Actividad C: *Tener* **Expressions.** Complete each of the following sentences with the appropriate **tener** expression.

1. ¡Diez grados bajo cero! Nosotros _____.

2. El niño no tiene la tarea y todos los otros estudiantes tienen la tarea. El niño

   _____.

3. Estoy en Hawai; hace sol y una temperatura estupenda. Voy a nadar porque

   _____.

4. Son las dos de la mañana y nosotros _____.

5. ¡EEEEEEEKKKKKK! ¿Qué es eso? ¡EEEKKKK! ¿Quién es? ¡Mamá, mamá . . . !

   _____.

6. Dos Coca-Colas, por favor. Nosotros _____.

7. —Una hamburguesa . . . no, dos hamburguesas, papas fritas y una Coca-Cola grande.

   —¿Papas grandes?

   —Sí, yo _____.

Actividad D: Stem-Changing Verbs. Complete each of the following sentences by choosing the appropriate verb and writing its appropriate form in the present tense or present participle (ending in **-ando** or **-iendo**).

1. ¿Tú _____ ir al cine? (querer, encontrar)

2. Estoy _____ ahora. (empezar, poder)

3. Nosotros _____ al fútbol todos los días. (almorzar, jugar)

4. ¿Por qué no _____ tú un jugo? (pedir, volver)

5. ¿Qué _____ beber vosotros, cerveza o vino? (perder, querer)

6. ¿A qué hora _____ la película? (empezar, venir)

7. Ellos siempre _____ del trabajo a las 8:00. (entender, volver)

8. ¿Cuándo _____ tu amigo? (decir, venir)

9. ¿_____ ir vosotros mañana? (poder, jugar)

10. ¿A qué hora _____ Uds.? (pensar, acostarse)

11. ¿Cuántas horas _____ tú por la noche? (comenzar, dormir)

12. Carmen y yo _____ tarde los fines de semana. (despertarse, probar)

13. Nosotros _____ a las dos. (decir, almorzar)

14. ¿_____ Ana el vestido gris? (probarse, poder)

15. Estamos _____ la comida ahora. (volver, servir)

16. ¿Cuánto _____ los libros? (costar, acostar)

17. Nosotros _____ para la fiesta. (pedir, vestirse)

18. El disco compacto _____ 1.800 pesetas. (costar, comenzar)

19. Yo _____ a las 6:30 de la mañana. (acostarse, despertarse)

20. Por lo general nosotros _____ a las once de la noche. (dormirse, despertarse)

21. ¿Qué _____ Ud., una Coca-Cola, una Pepsi o un jugo? (cerrar, preferir)

22. Yo siempre _____ la verdad. (servir, decir)

23. Juan y Marta _____ muy temprano porque van a trabajar a las 6:00. (acostarse, acostar)

24. ¿Qué estás _____? (decir, venir)

25. Mis padres y yo _____ francés. (entender, pensar)

26. Nosotros siempre _____ una hora y media cuando lavamos la ropa. (servir, perder)

27. ¿A qué hora _____ el concierto? (cerrar, comenzar)

28. ¡SSSHHH! Silencio. El niño está _____. (dormir, jugar)

29. Un momento. Estoy _____. (despertarse, vestirse)

30. ¿_____ tus padres ir a México para las vacaciones? (encontrar, pensar)

31. ¿A qué hora se _____ la tienda? (cerrar, volver)

32. Mi padre siempre _____ la comida en mi casa. (servir, acostar)

33. Al niño le gusta leer esos libros. Lee ahora y está _____. (divertirse, volver)

Actividad E: Stem-Changing Verbs. Complete each of the following sentences by changing them from **yo** to **nosotros** or from **nosotros** to **yo.**

1. Nosotros empezamos a estudiar a las ocho todos los días.

   _____

2. Me duermo en la clase de historia.

   _____

3. Nosotros nos despertamos temprano todos los días.

   _____

4. Nosotros nos divertimos mucho con Víctor y Ana.

   _____

5. Yo vuelvo a casa tarde todas las noches.

   _____

6. Yo siempre pido cerveza.

   _____

7. Nosotros jugamos al fútbol los sábados.

   _____

8. Yo pienso ir a Cancún para las vacaciones.

   _____

9. Nosotros queremos ir a un restaurante.

   _____

10. Prefiero dormir.

    _____

11. Duermo ocho horas todas las noches.

    _____

Actividad F: Colors. Associate each of the following things with one or more colors, then write your answer.

◆   las plantas – *verdes*

1. el autobús de una escuela _____
2. los colores de los Estados Unidos _____
3. el Océano Atlántico _____
4. un periódico _____
5. el café, la Pepsi _____
6. un dólar norteamericano _____
7. el bolígrafo de un profesor _____
8. el sol _____
9. las letras en un periódico _____
10. la lengua _____
11. los dientes _____
12. los ojos de Brad Pitt _____
13. Tropicana, Sunny Delight _____
14. Welch's _____

Actividad G: Clothes. Complete each sentence by writing the appropriate item of clothing or material.

1. Para nadar llevo _____.
2. Cuando hace frío, llevo un _____ de lana.
3. En el otoño llevo chaqueta, pero en el invierno llevo _____.
4. ¿No tienes calor? Tu suéter es de _____, ¿no?
5. Los Levi's son de _____.
6. Esta blusa cuesta mucho dinero porque es de _____ japonesa.
7. Me gustan tus botas. Son de _____, ¿no?
8. No puedo llevar pantalones al trabajo, por eso llevo falda y blusa o
    _____.
9. Los hombres no pueden comer en este restaurante si no llevan saco y
    _____.
10. ¿Por qué siempre pierdo una _____ cuando lavo la ropa? ¿Dónde puede estar?
11. Cuando hace sol me gusta llevar _____.
12. Los hombres llevan camisas y las mujeres llevan _____.
13. Cuando juego al tenis llevo pantalones cortos y una _____ de algodón.
14. Prefiero los _____ de tenis Nike o Adidas.
15. En el invierno no me gusta llevar zapatos, prefiero llevar _____.
16. Me gusta la _____ de Fruit of the Loom.

Actividad H: *Por/para.* Complete the following sentences with **por** or **para.**

1. Voy a estar en España _____ tres meses.

2. Carmen y Fernando estudian _____ ser médicos.

3. El dinero es _____ Lorenzo.

4. —¿_____ qué estudias español?

   —Porque es muy importante en el mundo de hoy.

5. Tenemos que leer la novela _____ mañana.

6. Siempre estudiamos _____ la noche.

7. El autobús _____ Nueva York sale a las dos y cuarto.

8. Vamos a ir al cine, mañana _____ la tarde, porque es más barato.

9. —¿_____ quién trabajas?

   —La directora del banco que es la Sra. Muñoz.

10. —¿Cuánto tiempo vas a estar en la biblioteca?

    —_____ tres horas máximo.

11. Estudio mucho _____ sacar buenas notas.

12. Me gusta escuchar música _____ la mañana.

13. ¿Qué vas a hacer mañana _____ la tarde?

Actividad I: *Ser/estar.* Write the word that logically completes each sentence.

1. Mi padre _____ en Acapulco este fin de semana. (es, está)

2. La fiesta _____ en casa de Raúl. (es, está)

3. ¿Dónde _____ los niños? (son, están)

4. ¿De dónde _____ tu camisa? (es, está)

5. Los libros _____ en tu habitación. (son, están)

6. El presidente _____ en Washington. (es, está)

7. Mis pantalones _____ de Guatemala. (son, están)

8. El vestido _____ de seda. (es, está)

9. El suéter _____ de lana. (es, está)

10. El suéter que quieres _____ en El Corte Inglés. (es, está)

11. Los pantalones _____ de algodón. (son, están)

Actividad J: Mini-conversations. Read each of the following conversations and write the letter of the logical response.

1. —¿Quieres ir al cine?
   —No sé. ¿A qué hora empieza la película?
   _____

   a. Son las 9:15.
   b. Son a las 9:15.
   c. A las 9:15.

2. —Tengo que trabajar.
   —¿Qué hora es?
   _____

   a. Son las ocho.
   b. Es a las ocho.
   c. A las ocho.

3. —¿Tienes un suéter?
   —Sí, ¿por qué?
   _____

   a. Tengo frío.
   b. Tengo calor.
   c. Tengo sueño.

4. —¿Qué día es el concierto?
   —Es el jueves.
   —¿A qué hora comienza?
   _____

   a. Son a las 10:30.
   b. Es a las 10:30.
   c. Es la 1:30.

5. —¿Puedo probarme la blusa azul?
   —¡Claro que sí!
   —¡Ay! Esta blusa es un poco pequeña.
   _____

   a. ¿Quiere una blusa más pequeña?
   b. Hay otra más grande, pero es rosada.
   c. Sí, y cuesta sólo 40 dólares.

6. —¿Aló? *(por teléfono)*
   —Hola, Ramón. ¿Qué están haciendo Uds.?
   _____

   a. El niño está jugando al fútbol.
   b. Estoy mirando la televisión.
   c. María está vistiéndose y yo me estoy afeitando.

7. —¡Carlos!
   —¡Shhhhhh!
   —¡CARLOS!
   _____

   a. ¡Shhhh! El niño está vistiéndose.
   b. ¡Shhhh! El niño está jugando.
   c. ¡Shhhh! El niño está durmiendo.

8. —Hace calor.
   —Sí, mucho.
   —Tengo sed.
   _____

   a. ¿Por qué no comes?
   b. ¿Por qué no pides una Coca-Cola?
   c. ¿Por qué no pides un café?

9. —Vamos a ir a la playa el sábado.
   —Van a divertirse.
   —¿Por qué no vienen Uds.?
   _____

   a. Gracias, pero preferimos nadar.
   b. Gracias, pero vamos a la playa el sábado.
   c. Gracias, pero no podemos porque vienen mis padres.

10. —Necesito comprar algo para mi padre.
    —¿Para ir al trabajo, para una fiesta o . . . ?
    —Para una fiesta formal.
    _____

    a. ¿Qué tal una falda de seda?
    b. ¿Qué tal un vestido de Óscar de la Renta?
    c. ¿Qué tal una guayabera elegante?

11. —Es un saco muy bonito.
    —Es mi talla. ¿Le gusta esta corbata o esa?
    —Me gusta más esa corbata azul de seda.
    —Sí, a mí también.
    —Ud. está muy atractivo en ese color azul y los pantalones le quedan muy bien.
    _____

    a. Bueno, ¿cuánto cuesta el vestido?
    b. Pero creo que prefiero un traje gris. Es un poco más conservador.
    c. ¿Cómo va a pagar Ud.? ¿Con Visa?

Actividad K: Cloze Paragraph. Complete the following paragraph by writing the appropriate words.

¿Cómo _____ Uds.? Aquí todo bien. Los niños están

_____ al fútbol y después vienen a comer. Acabo _____

comprar un vestido muy bonito _____ Juana para nuestro aniversario. Es un

vestido rosado con un poco de azul. Es de _____ porque a Juana le

_____ la seda. Se _____ que la seda es buena para viajar.

Acabamos _____ terminar las clases, entonces no tengo

_____ ir a la escuela a trabajar y _____ pasar más tiempo

con mis dos niños. Son muy grandes. ¿Sabes que se _____ solos por la

mañana? A veces se _____ una camisa rosada con unos

_____ rojos, pero están aprendiendo. Ahora _____ los

niños. Voy a escribir más después de almorzar.

Actividad L: Cloze Conversation. Complete the following dialogue by writing the appropriate words.

—Quisiera _____ algo _____ mi novia para su

cumpleaños.

—¿Una blusa, un _____ , una falda, _____ pantalones?

—Creo que le _____ una blusa.

—¿Qué _____?

—No sé. No es grande y no es _____.

—Una talla mediana entonces. ¿_____ Ud. seda o algodón? La seda

_____ un poco más, _____ es muy elegante.

—Seda, porque es _____ su cumpleaños.

—¿De qué _____?

—Blanca.

—Bueno, _____ blusa es muy bonita y _____ sólo 10.000

pesos.

—Perfecto. ¡Ay! Tengo _____. No tengo dinero.

—Cerramos _____ las 8:30. No hay problema, son _____

5:30 y Ud. _____ volver.

CAPÍTULO 6

Actividad A: Numbers. Write the number that fits logically in each series.

1. seiscientos, setecientos, ochocientos, _____

2. cien, doscientos, trescientos, cuatrocientos, _____

3. ciento diez, trescientos treinta, quinientos cincuenta, _____

4. cuatro mil, tres mil, dos mil, _____

5. cuatrocientos, quinientos, seiscientos, _____

6. quinientos, seiscientos, setecientos, _____

7. trescientos, cuatrocientos, quinientos, _____

8. setecientos, ochocientos, novecientos, _____

9. _____ , doscientos, trescientos, cuatrocientos

10. novecientos, setecientos, quinientos, _____

11. ciento uno, doscientos dos, trescientos tres, _____

12. cuatro millones, tres millones, dos millones, _____

13. cien, _____ , trescientos, cuatrocientos

Actividad B: Prepositions of Location. Look at the following configuration of letters and decide whether the statements that follow are true or false. Write **cierto** or **falso.**

```
     F
     A   B              C   D   E
                        G
```

1. La **B** está a la izquierda de la **A.** _____

2. La **D** está cerca de la **C.** _____

3. La **F** está encima de la **A.** _____

4. La **C** está a la izquierda de la **D.** _____

5. La **G** está encima de la **C.** _____

6. La **B** está cerca de la **E.** _____

7. La **D** está al lado de la **A.** _____

8. La **A** está debajo de la **F.** _____

9. La **E** está a la derecha de la **D.** _____

10. La **C** está encima de la **G.** _____

11. La **A** está lejos de la **F.** _____

Actividad C: The Preterit. Complete each conversation by writing the appropriate preterit forms of the indicated verb.

1. Escribir

   Sr. García: Los estudiantes _____ la composición, ¿no?

   Srta. Guzmán: Sí, y Ud. _____ el examen, ¿verdad?

   Sr. García: Sí, _____ el examen y también las instrucciones para la composición.

2. Jugar

   Marisol: Pablo y Carmen _____ al béisbol ayer.

   Manolo: Ah, sí. Yo _____ al tenis, ¿y tú y tu novio?

   Marisol: No _____, estudiamos.

3. Ir

   Carlos: ¿Adónde _____ Uds. ayer?

   Fernando: _____ a la playa, ¿y tú?

   Carlos: Yo _____ a la piscina.

4. Beber

   Madre: ¿Quién _____ la Coca-Cola?

   Hijo: Yo no _____ nada, mamá. Roberto _____ Coca-Cola y Pepsi.

   Madre: ¡¡Roberto!!

5. Pagar

   Jorge: ¿Cuánto _____ tú en el restaurante?

   Jaime: _____ 2.500 pesetas.

6. Cantar

   Verónica: ¿_____ tú anoche en el club?

   Silvia: No, pero Marcos y Victoria _____.

   Verónica: Marcos _____ la semana pasada, también.

7. Empezar

   Padre: Miguel, ¿_____ a hacer la tarea?

   Miguel: Sí, _____, pero tengo problemas.

8. Hablar

   Sr. Muñoz: ¿_____ Ud. con el Sr. Martínez?

   Sra. Vegas: Sí, _____ con él ayer.

9. Dar

   Pablo: ¿Uds. me _____ mis discos compactos?

   Guillermo: Sí, te _____ tus discos compactos anoche.

Actividad D: Change from Present to Preterit. Change the following sentences from the present to the preterit.

1. Normalmente, hablo con Juan.

   Ayer _____.

2. Normalmente, corren cinco kilómetros.

   Ayer _____.

3. Empiezo a estudiar a las siete.

   Anoche _____.

4. El profesor nos da un examen.

   Ayer _____.

5. Miro la televisión por dos horas.

   Anoche _____.

6. Mis padres beben café.

   Anoche _____.

7. Nosotros estudiamos mucho.

   Ayer _____.

8. Ellos cierran la tienda a las ocho.

   Ayer _____.

9. Tú juegas al fútbol.

   Ayer _____.

10. Vamos al cine.

    Anoche _____.

11. Todos los días busco el periódico.

    Ayer _____.

12. Él no hace la tarea.

    Anoche _____.

13. Me lavo el pelo.

    Ayer _____.

Actividad E: Prepositional Pronouns. Complete each sentence with a logical word.

1. —¿Tienes un regalo para mí?

   —Sí, es para _____.

2. —¿Quieres ir conmigo o con Ramón?

   —No me gusta Ramón. Prefiero ir _____.

3. —¿Es para Gonzalo el dinero?

   —Sí, es para _____.

4. —¿Este libro es para _____.

   —No, no es para ti, es para Marta.

5. —¿Vas a ir con Ana?

   —Sí, voy a ir con _____.

6. —Eres muy especial. No puedo vivir sin _____.

   —¡AHHHHHHH!

Actividad F: Prepositions. Complete the following sentences with an appropriate preposition or leave the blank empty if none is needed.

1. No puedo _____ estudiar más.
2. Después _____ la película, vamos a comer.
3. ¿Debemos _____ ir mañana?
4. Antes _____ ir a Cancún, tenemos que ir al banco.
5. Paula asiste _____ la Universidad de Santa Bárbara.
6. Necesitamos _____ trabajar más.
7. Carla se casa _____ Humberto, ¿no?
8. Cuando entro _____ su oficina, siempre estoy nervioso.
9. Quiero salir _____ este trabajo. No me gusta, pero necesito dinero.
10. Vamos _____ salir mañana por la mañana.
11. Quiero _____ comer; tengo hambre.

Actividad G: Modes of Transportation. Associate each of the following words or groups of words with a mode of transportation; then write your answer, including the appropriate definite article.

◆   MBTA, BART, The Loop – *el metro*

1. Greyhound _____

2. Danny DeVito, Tony Danza, Judd Hirsch, amarillo _____

3. Titanic, Queen Elizabeth II _____

4. Allied, Ryder, U-Haul _____

5. Amtrak _____

6. Harley, 700 cc, Kawasaki _____

7. Iberia, United, Aeroméxico _____

8. Volvo, Ford, Mercedes _____

9. Schwinn, Trek, Fuji, Huffy, Peugeot _____

Actividad H: Family and Modes of Transportation. Complete each of the following statements with a family- or a transportation-related word.

1. Cuando viajo de Santo Domingo a San Juan prefiero ir en _____

    porque no me gusta ir en barco.

2. Los hijos de mis tíos son mis _____.

3. El esposo de mi hermana es mi _____.

4. Normalmente el niño toma el autobús para ir a la escuela, pero ayer fue en

    _____ porque hizo buen tiempo.

5. Los hermanos de mi madre son mis _____.

6. Los hijos de los hijos son los _____ de los abuelos.

7. En Madrid el transporte público es muy bueno: hay autobuses, taxis y

    _____.

8. La hija de mi madre es mi _____.

9. Los padres de mi padre son mis _____.

10. Mi padre tiene un Ford Taurus, pero yo no tengo _____.

11. El padre de mi padre es el _____ de mi madre.

12. La hija de mi hermano es mi _____.

13. Voy a vivir en San Antonio; para llevar todas mis cosas, necesito un

    _____.

Actividad I: Indirect-Object Pronouns. Complete each of the following statements with the appropriate indirect-object pronoun.

1. _____ di un regalo a Juan.

2. —¿_____ diste el dinero?

   —Claro que te di el dinero.

3. ¿_____ explicaste todo a tus profesores?

4. Ayer _____ regalé un suéter a mi hermana para su cumpleaños.

5. _____ va a devolver los exámenes a nosotros hoy, ¿no?

6. A mí _____ gusta tu primo. Es muy guapo.

7. —¿Cuándo me vas a dar el libro?

   —_____ voy a dar el libro mañana.

8. ¿_____ preguntaste la hora del examen al profesor?

9. —¿Me vas a escribir?

   —Por supuesto que _____ voy a escribir.

10. ¿_____ mandaron la carta a Ud.?

Actividad J: Position of Indirect-Object Pronouns. Change the position of the indirect-object pronoun whenever possible in the following sentences.

1. Le escribí una carta. _____

2. Le voy a escribir mañana. _____

3. ¿Me mandaste la camisa? _____

4. Les vas a dar el dinero, ¿no? _____

5. Siempre me dice la verdad. _____

6. ¿Me estás ofreciendo un trabajo? _____

7. ¿Qué me estás preguntando? _____

8. Él siempre le pregunta cosas tontas al profesor. _____

9. ¿Nos estás hablando? _____

Actividad K: Question/Answer with Indirect-Object Pronouns. Answer the following questions in the affirmative.

1. ¿Me vas a escribir? _____

2. ¿Les mandaste los libros a tus hermanos? _____

3. ¿Le ofreció Ud. el trabajo a la Sra. Sánchez? _____

4. ¿Me contaste todo? _____

5. ¿Les van a explicar el plan a Uds.? _____

6. ¿Te di las revistas? _____

7. ¿Les mandó los papeles a Uds. el Sr. Ochoa? _____

Actividad L: Affirmatives/Negatives. Answer the following questions negatively.

1. ¿Me compraste algo?

_____

2. ¿Te dijo algo el Sr. Ferrer?

_____

3. ¿Tienes todo para la fiesta?

_____

4. ¿Qué vas a hacer para las vacaciones?

_____

5. ¿Qué tienes en la mano?

_____

6. ¿Te dio algo tu madre para tu cumpleaños?

_____

7. ¿Recibieron Uds. algo?

_____

8. ¿Viene alguien de tu oficina a la fiesta?

_____

9. ¿Quién sabe?

_____

10. ¿Siempre estudia tu hermano?

_____

11. ¿Estudias mucho?

_____

12. ¿Quién llamó?

_____

13. ¿Canta tu padre?

_____

14. ¿Ves a alguien?

_____

15. ¿Entendiste todo?

_____

Actividad M: Mini-conversations. Read each of the following conversations and write the letter of the logical response.

1. —¿Quieres ir al cine conmigo?
   —Fui al cine anoche.

   —_____

   a. Bueno, pues ayer.
   b. O.K., pero, ¿qué tal una película?
   c. ¿Entonces a bailar?

2. —¿Tienes dinero para pagar?
   —¿Puedo pagar con la tarjeta de crédito Visa?
   —No, sólo con dinero.

   —_____

   a. ¡Ay! No tengo nada.
   b. Nadie tiene nada.
   c. Nunca pago.

3. —Le expliqué por qué no puede ir.
   —¿Le explicaste todo?

   —_____

   a. Le di una idea.
   b. Te expliqué todo.
   c. Me explicó parte.

4. —Me regalaste un suéter el año pasado, ¿no?
   —Te regalé una camisa.
   —No, fue un suéter.

   —_____

   a. Sí, le regaló un suéter.
   b. Te digo que fue una camisa.
   c. ¡Ay! Sí, te regalé una camisa.

5. —Corrimos diez kilómetros el sábado.
   —¿Están Uds. locos?
   —Es bueno correr, debes hacer ejercicio.

   —_____

   a. Ellos no necesitan hacer ejercicio.
   b. Nadie corre nunca.
   c. Hago ejercicio: corro del sofá al televisor para cambiar el canal.

6. —Mamá, no encuentro nada.
   —¿Buscaste debajo de la cama?
   —Sí, y debajo del escritorio, también.

   —_____

   a. Siempre pierdes cosas.
   b. Nunca sabes dónde estás.
   c. ¿Sabes dónde está?

Actividad N: Cloze Paragraph. Fill in the blanks in the following paragraph by choosing a word from the list below and writing its appropriate form.

beber, comer, hacer, ir, nadar, nunca, pasar, playa, político, sentarse

Ayer nosotros _____ a la _____. Los niños

_____ toda la tarde; _____ salieron del agua. Mi suegra

_____ cinco sándwiches y _____ tres Coca-Colas. Ella y

mi hermano _____ la tarde hablando del futuro _____ del

país. Yo _____ y después _____ para tomar el sol en la

playa. Cada persona _____ algo diferente.

Actividad O: Cloze Monologue. A student went out the night before an exam. Complete his monologue by writing the appropriate words.

Hoy tengo _____ estudiar porque anoche no _____

nada. Fui a la casa _____ mi novia y nosotros _____ la

televisión. _____ di un regalo y le gustó mucho. Después fuimos a una

discoteca para _____ y escuchar música. A mí no _____

gusta bailar, por eso, mi novia _____ con Ricardo y yo

_____ con la novia de él. María, la _____ de Ricardo, es

muy interesante y _____ gustan las computadoras. Ella

_____ en mi clase de cálculo. Yo _____ a casa muy tarde.

Me _____ los dientes y _____ acosté. Hoy tengo un

examen y tengo _____ estudiar toda la mañana.

CAPÍTULO 7

Actividad A: Hotel and Telephone. Read the following descriptions and write the appropriate word or expression for each.

1. una habitación para una persona en un hotel _____

2. una llamada de un país a otro _____

3. una habitación para dos personas en un hotel _____

4. la persona que limpia la habitación _____

5. una llamada de larga distancia cuando pagan ellos y no tú _____

6. la persona que lleva las maletas a la habitación _____

7. la persona que trabaja en la recepción de un hotel _____

8. una habitación, desayuno y una comida en un hotel _____

9. una habitación y todas las comidas en un hotel _____

Actividad B: Verbs in the Preterit. Complete each of the following sentences by choosing the logical verb and writing its appropriate preterit form.

1. Al final, nosotros _____ hablar con el director. (tener, poder)

2. ¿Dónde _____ Alberto el dinero? (poner, decir)

3. Perdón, yo no _____ tiempo para terminar. (poder, tener)

4. Anoche, Ramón _____ una carta que recibió de su novia. (querer, leer)

5. Anoche un hombre de abrigo negro me _____ a la casa. (querer, seguir)

6. Ellos no _____ a clase ayer. (venir, saber)

7. ¿_____ terminar tu composición anoche? (poner, poder)

8. ¿_____ Uds. que trabajar anoche? (tener, querer)

9. Tú le _____ la verdad, ¿no? (saber, decir)

10. Vosotros _____ en el concierto el viernes, ¿no? (estar, tener)

11. Él no _____ hacerlo. (decir, poder)

12. ¿_____ Uds. la maleta en el carro? (querer, poner)

13. Carlos _____ terminar la novela anoche, pero tuvo que trabajar. (querer, tener)

14. Nosotros _____ que ir a la biblioteca anoche. (tener, poner)

15. ¿Por qué no _____ tú ayer? (decir, venir)

16. Ayer mis profesores _____ la verdad. (venir, saber)

17. ¿Quién _____ las papas fritas? (leer, traer)

18. Juan no _____ el teléfono. (creer, oír)

19. El viernes pasado los estudiantes _____ un párrafo del inglés al español. (traducir, leer)

20. Carmen me _____ que no puede venir mañana. (saber, decir)

21. Ayer el niño _____ que su padre vive en Caracas. (poder, saber)

22. Mi madre _____ enferma el sábado pasado. (tener, estar)

23. Yo no _____ las palabras porque ayer no pude comprar el diccionario. (estar, traducir)

24. No sé dónde _____ mi pasaje. (poner, leer)

25. Ayer los niños no _____ ir al médico. (venir, querer)

26. Yo no _____ nada. (venir, decir)

27. ¿Dónde _____ Ramón y Tomás ayer? (estar, querer)

28. Ellos _____ los discos compactos, ¿no? (traer, mentir)

29. Anoche yo _____ a las 11:30. (dormirse, dormir)

30. Los estudiantes no _____ la novela, y por eso salieron mal en el examen. (poder, leer)

31. ¿_____ tú la explosión anoche? (leer, oír)

32. Ayer nosotros _____ a las ocho. (venir, tener)

33. Mi abuelo _____ en 1991. (morirse, pedir)

34. Mi hermano no dijo la verdad; él _____. (creer, mentir)

35. ¿Cuántas horas _____ Uds. anoche? (dormir, preferir)

36. ¿Cuándo _____ Uds. que el examen va a ser mañana? (traer, saber)

37. Las chicas _____ que sí. (decir, poder)

38. ¿Quién _____ el té? (pedir, repetir)

39. ¿_____ tú el capítulo del libro de historia para la clase de hoy? (leer, venir)

40. ¿Quiénes _____ en clase el jueves? (poner, estar)

Actividad C: *Hace* + Time Expression + *que*. Complete each of the following sentences by writing the appropriate verb form.

1. Hace cinco años que _____ en Quito, y me gusta mucho. (vivo, viví)

2. Hace dos años que ella _____. (se muere, se murió)

3. Hace dos días que _____ a Carlos. (veo, vi)

4. Hace tres años que _____ vegetariana; pienso que es bueno comer verduras. (soy, fui)

5. Hace dos meses que _____ mis estudios universitarios. (termino, terminé)

6. Hace media hora que _____ tus amigos. (llegan, llegaron)

7. Hace dos años que _____ a trabajar. (empiezo, empecé)

8. Hace seis años que _____ tres cafés al día. Sé que no es bueno, pero lo hago. (bebo, bebí)

9. Hace dos meses que _____ español y sé decir muchas cosas. Cada día aprendo más. (estudio, estudié)

10. ¿Cuánto tiempo hace que _____ esperando? (estás, estuviste)

Actividad D: Travel Vocabulary. Read the following descriptions and write the appropriate word or expression for each.

1. un vuelo que no es directo _____

2. cuando viajas de un país a otro pasas por este lugar en los aeropuertos internacionales

    _____

3. cuando vas de viaje pones la ropa aquí _____

4. un vuelo que no hace escalas _____

5. si no fumas prefieres esta parte del restaurante _____

6. para volar necesitas comprar esto _____

7. un pasaje Caracas – Buenos Aires – Caracas _____

8. en los aeropuertos anuncian salidas y esto _____

9. en los aeropuertos anuncian llegadas y esto _____

10. si no hay retraso, el vuelo llega _____

11. si un vuelo no llega a tiempo, hay _____

12. el lugar donde tienes que ir para subir al avión _____

13. el lugar donde te sientas en el avión _____

Actividad E: Affirmative and Negative Words. Complete each sentence by writing the appropriate affirmative or negative word (**algún, alguno, alguna, algunos, algunas, ningún, ninguno, ninguna**).

1. ¿Hay _____ restaurante cerca del hotel?

2. No hay _____ persona interesante en esta fiesta.

3. No, no tengo _____ cassette de Julio Iglesias porque no me gusta su música.

4. —¿Hablaste con los médicos?

   —Sí, hablé con _____ , pero no con todos.

5. —¿Contestaste todas las preguntas?

   —No todas, pero contesté _____ .

6. No hay _____ habitación en el hotel.

7. ¿Conoces a _____ persona de Bolivia?

Actividad F: Direct-Object Pronouns. Rewrite each of the following sentences using direct-object pronouns.

1. Juan va a comprar champú. _____

2. ¿Ves a Margarita? _____

3. Tengo las cintas. _____

4. Puse la pasta de dientes en la maleta. _____

5. Mis padres quieren a mi novio. _____

6. Adoro a mi profesora de matemáticas; es muy buena. _____

7. ¿Ayudas mucho a tu hermano con su tarea? _____

8. ¿Por qué no esperan Uds. a Victoria? _____

9. Estoy esperando a Gonzalo. _____

10. ¿Escuchaste los discos compactos? _____

Actividad G: Question/Answer. Answer each of the following sentences in the affirmative using direct-object pronouns, if possible.

1. ¿Mandaste los papeles? _____

2. ¿Me quieres? _____

3. ¿Me entendiste? _____

4. ¿Escribió Juan los informes? _____

5. ¿Trajo el vino Paula? _____

6. ¿Llevaron Uds. los discos? _____

7. ¿Me estás escuchando? _____

8. ¿Lavaron Uds. el carro? _____

9. ¿Mandó el dinero Miguel? _____

10. ¿Están mirando la televisión Uds. ahora? _____

11. ¿Leyó la Sra. Beltrán tu composición? _____

12. ¿Vas a mandar las cartas? _____

Actividad H: Mini-conversations. Read each of the following conversations and choose the letter of the logical response.

1. —¿A qué puerta llega el vuelo de Caracas?
   —A la puerta número seis.
   —¿Sabe Ud. si hay retraso?
   —_____

   a. No, llega a tiempo.
   b. Sale a tiempo.
   c. No, llega con retraso.

2. —Sí, dígame.
   —¿Está Víctor?
   —¿De parte de quién?
   —_____

   a. Hablo yo.
   b. Habla Juan Carlos.
   c. Para hablar con Víctor, Víctor Huidobro.

3. —¿Aló?
   —Quisiera hablar con Tomás, por favor.
   —¿Tomás?
   —Sí, Tomás Vicens.
   —_____

   a. Él es Tomás Vicens.
   b. No, no soy Tomás Vicens.
   c. ¿De parte de quién?

4. —¿Tiene Ud. una habitación?
   —Sí, ¿para cuántas personas?
   —Una.
   —_____

   a. Bien. Una habitación triple.
   b. Bien. Una habitación sencilla.
   c. Bien. Una habitación doble.

5. —Necesito un bolígrafo.
   —¿De qué color?
   —Verde.
   —_____

   a. Hay algunas.
   b. Lo siento, no hay ninguno.
   c. Perdón, hay alguno.

6. —¿Qué tal la fiesta?
   —Fue muy interesante.
   —¿Vinieron personas de la oficina?
   —_____

   a. Sí, vinieron.
   b. Sí, vinimos.
   c. No, vinieron algunas.

7. —¿Tienes mis discos compactos?
   —¿Yo?
   —Sí, tú los escuchaste, ¿no?
   —_____

   a. No, no escucharon nada.
   b. No, no tengo ninguno.
   c. No, no tengo ninguna.

8. —Por favor, ¿a qué puerta llega el vuelo de Málaga?
   —A la puerta número cuatro.
   —¿Llega a tiempo?
   —_____

   a. Es a las tres y media.
   b. Son las tres y media.
   c. Hay media hora de retraso.

9. —¿A qué puerta llega el vuelo de Bogotá?
   —A la puerta número cinco.
   —¿Hay retraso?
   —_____

   a. No, llegó hace cinco minutos.
   b. No, hay retraso.
   c. No, son las cuatro y cuarto.

10. —¿Fuiste al aeropuerto?
    —Sí, fui esta mañana.
    —¿Viste a Jorge y a Olga?
    —_____

    a. No, no las vi.
    b. No, los vi.
    c. No, no los vi.

Actividad I: Cloze Paragraphs. Complete the following paragraphs by writing the appropriate words.

1. Ayer _____ a la oficina para trabajar. En el autobús vi

_____ mi amigo Hernando, entonces _____ a

una cafetería para tomar un _____ . Hablamos por media

_____ y, por eso, _____ un poco tarde al trabajo.

_____ un día normal de trabajo: _____ tres cartas, hablé

con _____ personas de producción y tuve _____

reunión con un cliente. Después de terminar, _____ de la oficina para ir al cine

con un amigo. La película _____ muy divertida. Luego comimos

_____ en un bar alemán que también _____ comida

china. Yo perdí el último _____ y tuve _____ tomar

un taxi. Me _____ a las dos y media y, por eso, hoy

_____ muy cansada.

2. El viaje fue increíble y nosotros _____ bastantes problemas. Darío y

_____ salimos el tres _____ abril. Primero Darío

_____ los pasajes en casa y tuvimos que volver a buscarlos. Llegamos a la

puerta de salida muy tarde y _____ los últimos pasajeros en subir al avión.

Llegamos a nuestro hotel y todo bien. Un día Darío _____ una guayabera muy

cara y _____ dejó en una cafetería. Cuando _____ dio

cuenta volvió a la _____ y _____ buscó, pero no la

encontró por _____ parte. Al salir del _____ pusimos

los _____ en el bolso de mano, pero cuando llegamos al aeropuerto no

_____ encontrar los pasaportes. Otra vez tuvimos _____

volver del aeropuerto al hotel para buscarlos. _____ encontramos en la

habitación, pero esta vez _____ el avión. Salimos al día siguiente. Fueron unas

vacaciones _____ interesantes.

Actividad J: Cloze Paragraph. Complete the following telephone message by writing the appropriate words.

MENSAJE TELEFÓNICO
Para: José Carlos Peña Porta
De parte de: Marta Viñolas
Teléfono: No hay (está de viaje)
Fecha: el 26 de febrero
Hora: 17:30

Asunto: La Srta. _____ llamó. Ella tiene problemas con su pasaje de ida

y _____. Tuvo problemas con el trabajo en Quito y tiene

_____ estar dos días más. Ella _____ a una agencia

de _____ en Quito y le _____ que no puede cambiar

su _____ de vuelta sin perder _____. Ella quiere

_____, pero no quiere pagar _____ dinero. Ella

_____ la información que Ud. le dio y piensa que _____

debe pagar nada. Ella _____ a llamar mañana a las 10:00.

Actividad K: Cloze Conversation. Complete the following telephone conversation by writing the appropriate words.

—Viaje Mundo. Buenos _____.

—¿Acepta Ud. una llamada de _____ distancia de Ponce, de José Luis
   Guzmán?

—Sí, acepto la _____.

—Buenos días. _____ hablar con _____ Sra. de Llosa.

—No está en la oficina en _____ momento.

—¿Puedo _____ un mensaje?

—Sí, _____ supuesto.

—Puede decirle que _____ llamé y que tuve un problema en la aduana. Los

agentes no _____ dejarme entrar con _____

computadora, entonces no pude hacer _____ y tuve que dejarla en la

_____.

Actividad L: Cloze Paragraph. Complete the following itinerary by writing the appropriate words.

Su pasaje de _____ y vuelta _____ confirmado. Puede
llevar dos _____ y un bolso de mano. No _____ límite de
peso.

IDA
Aeroméxico Vuelo 547 _____ México _____ Chicago
Asiento 15D
_____ de México: 16:14 30/VI/04
_____ y aduana en Dallas
Llegada _____ Chicago: 22:30 30/VI/04

VUELTA
Aeroméxico Vuelo 546 de Chicago a México
_____ 12E
Salida _____ Chicago: 9:46 10/VII/04
Escala _____ Dallas
_____ a México y _____ : 16:10 10/VII/04

CAPÍTULO 8

Actividad A: Ordinal Numbers. Write the ordinal number that completes each series.

1. séptimo, _____ , noveno

2. cuarto, _____ , sexto

3. primero, _____ , tercero

4. octavo, _____ , décimo

5. quinto, _____ , séptimo

6. _____ , segundo, tercero

7. sexto, _____ , octavo

8. primero, segundo, _____

9. octavo, noveno, _____

10. tercero, _____ , quinto

Actividad B: Rooms of a House. Write the name of the room that you would associate with each of the following things or actions.

1. ducharse _____

2. comer _____

3. el sofá _____

4. vestirse _____

5. hacer una tortilla _____

6. afeitarse _____

7. una visita formal _____

8. dormir _____

9. una mesa y seis sillas _____

10. las plantas, el sol, el aire fresco _____

11. el carro _____

12. preparar comida _____

13. mirar la televisión _____

14. la cama _____

Actividad C: Furniture and Appliances. Write the word that doesn't belong in each of the following groups.

1. silla, sofá, sillón, horno _____

2. cama, sofá, cómoda, armario _____

3. estante, nevera, alfombra, sillón _____

4. lavabo, nevera, horno, congelador _____

5. cocina eléctrica, horno, espejo, tostadora _____

6. lavabo, fregadero, ducha, congelador _____

7. aspiradora, lavaplatos, lavadora, alfombra _____

8. bañera, fregadero, lavabo, ducha _____

9. estufa, silla, espejo, cómoda _____

Actividad D: Subjunctive in Adjective Clauses. Complete each of the following sentences by writing the appropriate form of the indicated verb in the subjunctive or indicative mood.

1. No veo a nadie que _____ ser el Sr. Tamayo. (poder)

2. Buscamos un apartamento que _____ un balcón grande. (tener)

3. No conozco a nadie que _____ la respuesta a la quinta pregunta del examen. (saber)

4. Busco un apartamento que _____ barato. (ser)

5. Conozco a un abogado que _____ mucho. (saber)

6. Busco un apartamento que _____ amueblado. (estar)

7. No hay ningún apartamento que me _____. (gustar)

8. No hay nadie en mi familia que _____ rico. (ser)

9. En la tienda tienen un libro que mi padre _____ comprar. (querer)

10. No conozco a nadie que _____ tiempo para ayudarme. (tener)

11. Tenemos un abogado que no _____ muy responsable. (ser)

12. No hay ningún viaje que _____ interesante. (ser)

13. Queremos comprar una casa que _____ moderna. (ser)

Actividad E: *Ya* and *todavía*. Complete each sentence by writing **ya** or **todavía**.

1. Mis padres _____ saben adónde van para las vacaciones.

2. _____ no tenemos apartamento, pero vamos a ver uno mañana.

3. _____ entiendo.

4. _____ no entiendo; ¿me puedes explicar todo otra vez?

5. _____ está en la cama, pero se va a levantar pronto.

6. _____ tengo que llamar a Ramón; no pude hablar con él esta mañana.

7. _____ sé la verdad. Me lo dijo todo Fernando.

Actividad F: Subjunctive, Indicative, Infinitive. Complete each of the following sentences by writing the appropriate subjunctive, indicative, or infinitive form of the indicated verb.

1. No quiero _____ ahora. (comer)

2. Es necesario que tú _____ más responsabilidad en el trabajo. (tener)

3. Quiero que tú me _____ el dinero que me debes. (dar)

4. Es mejor que tu hermano _____ a la universidad. (ir)

5. Les aconsejo que Uds. le _____ al director del banco. (escribir)

6. Es mejor que Ud. no _____ con él hoy. (hablar)

7. Es bueno _____ y estudiar. (trabajar)

8. Conozco a alguien que _____ mucho; creo que él está enfermo. (mentir)

9. Esta cafetera es horrible. Necesitamos una cafetera que _____ bien. (funcionar)

10. Busco un horno de microondas que _____ muy rápido. (ser)

11. Te aconsejo que no lo _____ ahora. (hacer)

12. Es mejor _____ todo esta noche. (hacer)

13. Quiero que los niños _____ algo antes de acostarse. (comer)

14. Es mejor _____ mañana en vez de esta noche. (venir)

15. El guitarrista quiere que el concierto _____ a las 9:00. (empezar)

16. El abogado no quiere que nosotros _____. (mentir)

17. Es necesario que nosotros _____ bien esta noche porque mañana es un día muy importante. (dormir)

18. Quiero _____ la comida esta noche. (pagar)

19. Espero que Uds. _____ temprano mañana porque tenemos muchas cosas que hacer. (levantarse)

20. Les prohíbo a los niños que _____ Coca-Cola después de las 8:00 porque tiene cafeína. (beber)

21. Él quiere que yo _____ aquí mañana a las 10:00. (estar)

22. Es importante que tu jefe _____ tu pasaje, tu hotel y tus comidas. (pagar)

23. Quiero que él lo _____. (comprar)

24. Es importante que nosotros _____ su problema. (entender)

25. Es importante que ellos _____ el sábado. (salir)

26. Es importante _____ la verdad. (saber)

27. No es importante que él nos _____ todo, pero quiero saber algo. (decir)

28. Es necesario que nosotros _____ listos. (estar)

29. Queremos _____ algo muy importante. (decir)

30. Mis amigos me prohíben que _____ en su casa. (fumar)

Actividad G: Question/Answer. Answer each question affirmatively.

1. ¿Quieres que yo vaya?

_____

2. ¿Le aconsejas a Juan que escriba una carta?

_____

3. ¿Tus padres te prohíben que fumes?

_____

4. ¿Nos aconseja Ud. que salgamos de aquí?

_____

5. ¿Tus padres quieren que Uds. asistan a la universidad?

_____

6. ¿Me aconsejas que use el Manual de laboratorio?

_____

7. ¿Esperas que vuelva Ana pronto?

_____

8. ¿Quieres que te mandemos cartas?

_____

9. ¿Quieres que terminen estas preguntas?

_____

Actividad H: Mini-conversations. Read each of the following conversations and choose the letter of the logical response.

1. —No sé qué debo hacer.
   —¿Quieres mi opinión?
   —Claro.

   —_____

   a. Quiero que hables con él.
   b. Le aconsejo que hable con él.
   c. Nos dice la verdad.

2. —Vivir Feliz. Dígame.
   —Buenos días. Estoy buscando apartamento.
   —¿Qué tipo de apartamento busca Ud.?

   —_____

   a. Tengo un apartamento grande en el centro.
   b. Necesito un apartamento que tenga tres dormitorios.
   c. Una con garaje.

3. —¿Dónde estuviste?
   —En la biblioteca.
   —Pero, la biblioteca cerró a las 6:00 y son las 11:00.
   —Eh . . . Eh . . . Después . . . Después fui a casa de un amigo para estudiar.

   —_____

   a. Siempre dices la verdad.
   b. Quiero que me digas la verdad. En esta casa no se miente.
   c. Es importante que vayas a la biblioteca.

4. —Compré una nevera nueva.
   —¿Cómo es?

   —_____

   a. Cocina muy bien.
   b. Es muy bonita en la sala.
   c. Es grande, blanca y tiene congelador.

5. —Tengo una profesora horrible.
   —¿Por qué?
   —Porque no dice nada cuando habla. ¿Qué puedo hacer?

   —_____

   a. Es mejor hablar mucho.
   b. No dices nada cuando hablas, entonces no vas a tener problema.
   c. Te aconsejo que cambies de clase y que hables con el jefe del departamento.

6. —Terminé con mi parte del trabajo.
   —¡Fantástico!
   —Y tú, ¿tienes la otra parte?

   —_____

   a. Todavía no.
   b. No, lo terminé ayer.
   c. Sí, voy a terminar el viernes.

7. —Necesito ayuda.
   —¿Pero no terminaste esa carta para tu jefe?

   —_____

   a. Sí, ya la terminé, pero ahora estoy escribiendo un artículo para el periódico.
   b. Sí, voy a escribirla mañana.
   c. Todavía no. La terminé ayer.

Actividad I: Cloze Paragraph. Complete the following ad by writing the appropriate words.

Estudiante de filosofía _____ dormitorio en un apartamento que _____ balcón con mucho _____ para poner plantas. _____ gusta la música moderna, pero también escucho _____ clásica. Busco compañeros serios pero simpáticos. Es importante que no _____ ruido porque estudio mucho. Llamar _____ Carmen: 446-83-90.

Actividad J: Cloze Paragraph. Complete the following response to a letter by writing the appropriate words.

Ud. tiene un problema en el trabajo. Es mejor que Ud. _____ con su jefe. Ud. no puede trabajar _____ la secretaria que tiene. Sé que _____ la hija de su jefe, pero ella no hace _____ bien. Le _____ que escriba una lista de las cosas que Ud. _____ pidió hacer y otra _____ de lo que hizo ella. Es importante que su _____ vea ejemplos del trabajo _____ su hija. Si ella _____ una carta con muchos errores o si no _____ da a Ud. un mensaje importante, es mejor que su jefe lo _____. Ud. tiene que darse _____ de que su jefe _____ que su hija aprenda a _____ una buena empleada también.

CAPÍTULO 9

Actividad A: Hobbies. Write the hobby that you would associate with the following clues.

1. palabras, diccionarios, periódicos _____

2. Donkey Kong, Super Mario, Sega, Nintendo _____

3. el póker, canasta, 21 _____

4. receta, huevos, jamón _____

5. carros, mecánica _____

6. tener muchas cosas, dinero, historia _____

7. hacer ropa, Singer _____

8. flores, plantas _____

9. poemas, computadora, mantener contacto con amigos _____

10. jigsaw, el cubo de Rubik _____

11. Goya, Picasso, Dalí, Miró _____

12. hacer suéteres, lana _____

13. blanco y negro, hombres, Bobby Fisher, los rusos _____

Actividad B: Kitchen Items. Associate each of the following descriptions with the appropriate utensil and write your answer. Include the indefinite article.

1. para revolver algo necesitas esto _____

2. para cortar algo necesitas esto _____

3. para hacer una hamburguesa necesitas cocinarla aquí _____

4. sirves el café en esto _____

5. pones la leche en esto para beberla _____

6. para comer una ensalada necesitas esto _____

7. te limpias la boca con esto _____

8. sirves la comida en uno de éstos _____

9. preparas sopa de tomate Campbell's en esto _____

Actividad C: Foods. Associate each of the following descriptions with the appropriate food item and write your answer.

1. Es blanco y amarillo: _____

2. Se añaden a la comida y son blancas y negras: _____

3. Lloras cuando cortas esto: _____

4. Cheddar, manchego, brie, feta: _____

5. Es rojo y es la base de muchas salsas italianas: _____

6. Banana, limón, naranja: _____

7. Mucha gente los pone en la ensalada. Son líquidos: _____

8. Es muy común preparar un sándwich de esto y queso: _____

Actividad D: Food Preparation. Correct the following sentences by changing the words in boldface.

1. Para **darle la vuelta a** la cebolla, necesito un cuchillo. _____

2. Aquí tengo platos, vasos, cubiertos y servilletas. Voy a **revolver** la mesa. _____

3. Casi está lista la ensalada. Sólo hay que **freír** el aceite y el vinagre. _____

4. Primero se pone medio vaso de agua y otro de leche, tres huevos, sal y pimienta en un recipiente y los debes **comer.** Después se fríe y se añade jamón y queso. _____

5. No me gusta usar aceite. Por eso, no voy a **cortar** los huevos. _____

6. Cuando preparas un sándwich de queso en una sartén, es importante **revolverlo** para cocinar los dos lados. _____

Actividad E: Doubt or Certainty. Complete each of the following sentences by writing the appropriate subjunctive, indicative, or infinitive form of the indicated verb.

1. Estoy seguro de que mi profesor de economía me _____. (odiar)

2. Dudamos que Jorge _____ razón. (tener)

3. No creo que tú _____ la respuesta. (saber)

4. Mi jefe no piensa que yo _____ hacer el trabajo. (poder)

5. Creo que Paco _____ mañana. (venir)

6. Creemos que el examen _____ el viernes. (ser)

7. Es dudoso que Rafael y Gonzalo _____ bien al ajedrez. (jugar)

8. Es dudoso que el concierto _____ a tiempo. (empezar)

9. Es dudoso que el avión _____ a tiempo. (salir)

10. Es posible que Raúl _____ hacer todo el crucigrama porque es muy inteligente. (poder)

11. Es cierto que yo _____ estudiar más. (necesitar)

12. Tal vez Uds. _____ visitar a sus padres. (deber)

13. Tal vez _____ mejor no ir hoy. (ser)

14. Quizás Víctor _____ hacerlo mañana. (poder)

15. Quizás Fernando y yo _____ que hablar con el profesor. (tener)

16. Es evidente que nosotros no _____ ningún problema. (tener)

17. No creo que a María le _____ la idea. (gustar)

18. Es cierto que muchos juegos electrónicos _____ violentos. (ser)

19. Es posible _____ algo a esta hora, ¿no? (comer)

20. Es probable que los padres de Ramón _____ mañana. (venir)

21. No es verdad que el ajedrez _____ aburrido; para mí es muy interesante. (ser)

22. Es probable que Germán _____ enfermo hoy. (estar)

23. Pienso _____ a la fiesta esta noche, ¿y tú? (ir)

24. Es claro que ellos no _____ nada. (trabajar)

Actividad F: Adverbs Ending in *-mente*. Complete each of the following sentences by writing the appropriate adverb.

1. Juan siempre maneja _____. (rápido)

2. Comemos en este restaurante _____. (frecuente)

3. Juana puede ganar _____. (fácil)

4. _____ ellos no tienen problemas con su jefe. (general)

5. Necesito estas cartas _____. (inmediato)

6. Él habla _____. (constante)

7. Toca la guitarra _____. (divino)

8. No, quiero tres _____. (sólo)

9. El niño siempre duerme _____. (tranquilo)

Actividad G: Expressing Emotion. Complete each of the following sentences by writing the appropriate subjunctive, indicative, or infinitive form of the indicated verb.

1. Tengo miedo de que mi novio _____. (mentir)

2. ¡Qué lástima que el niño _____ enfermo! (estar)

3. Siento no _____ venir mañana. (poder)

4. Es una pena que no te _____ Ramón. (escribir)

5. Sé que estás diciendo la verdad; es una pena que ellos no te _____.
    (creer)

6. Me alegro de que tú _____ venir. (querer)

7. Es fantástico _____ en Colorado. (esquiar)

8. Nos sorprendemos de que ellos no _____ aquí. (estar)

9. Sentimos que Juan no _____ a jugar mañana. (ir)

10. ¡Qué pena que el carro no _____! (funcionar)

11. Me alegro de que te _____ la comida. (gustar)

Actividad H: Passive and Impersonal *se.* Complete each of the following sentences by choosing the logical verb and writing its appropriate form, using the passive or impersonal **se.**

1. Primero, _____ la lechuga. (cortar, freír)

2. _____ los huevos. (volver, revolver)

3. _____ la tienda a las 9:00. (abrir, vender)

4. _____ la mesa. (pone, añadir)

5. _____ el pan. (revolver, cortar)

6. _____ las cebollas. (revolver, cortar)

7. _____ la sal. (freír, añadir)

8. _____ bien en ese restaurante. (comer, ver)

9. _____ camarero. (necesitar, freír)

10. Aquí _____ inglés. (hablar, volver)

11. _____ que la paella es deliciosa. (hablar, decir)

Actividad I: *Por/para, tuvo/tenía, fue/era.* Complete each of the following sentences by writing the appropriate word.

1. Caminaron _____ la ciudad. (por, para)

2. Cuando me levanté _____ las ocho. (fueron, eran)

3. Fui a Europa por primera vez cuando _____ siete años. (tuve, tenía)

4. ¿Cuánto pagó Jorge _____ el videojuego? (por, para)

5. Ayer _____ problemas en el examen de cálculo. (tuve, tenía)

6. _____ la una y diez cuando el avión salió. (fue, era)

7. Juan tiene un examen mañana; por eso voy a trabajar _____ él. (por, para)

8. Le di mis dos discos compactos _____ tres cintas. (por, para)

9. _____ Marta, las matemáticas son fáciles. (por, para)

10. Mi familia vino a vivir a Cuzco cuando yo _____ diez años. (tuve, tenía)

11. _____ las once cuando Elena me llamó anoche. (fueron, eran)

12. _____ mí, esto es fácil. (por, para)

13. ¿Debo mandar esto _____ avión? (por, para)

Actividad J: Mini-conversations. Read each of the following conversations and choose the letter of the correct response.

1. —Siempre coleccionan estampillas.

   —_____

   a. Quizás estén trabajando.
   b. Sí, es su pasatiempo favorito.
   c. Necesitan la cuchara y la servilleta.

2. —¿Qué te pasa?
   —Perdí mis gafas de sol.

   —_____

   a. ¡Qué mala suerte!
   b. No puedo más.
   c. ¿No sabías?

3. —Ah, pero ¡qué joven!

   —_____

   a. Sí, sólo tenía 16 años.
   b. Sí, tenía 76 años.
   c. Sí, sólo a los 10 años.

4. —Estoy preocupado.
   —¿Por qué?
   —Los niños comieron poco.

   —_____

   a. Es evidente que tiene hambre.
   b. Dudo que les gusten huevos con jamón.
   c. Es posible que tengan aceite y vinagre.

5. —No vi la primera parte de la película.
   —¿Por qué? ¿Llegaste tarde?

   —_____

   a. Sí, fueron las seis.
   b. Sí, eran seis.
   c. Sí, eran las seis.

6. —¿Cuánto tiempo van a estar ellos en Panamá?

   —_____

   a. Es posible que regresen mañana.
   b. Es cierto que no están allí.
   c. Hay que volver pronto.

7. —Buenos días, señor. ¿Una mesa para cuántos?

   —_____

   a. Es posible que tenga cinco.
   b. Llegamos a las cinco.
   c. Somos cinco.

8. —Me gusta tu falda nueva.
   —Gracias. _____

   a. Mi madre lo hizo por mí.
   b. La compré por 20 dólares.
   c. Para mí, es fabuloso.

9. —¿Vas a poner la mesa?

   —_____

   a. Sí, aquí van el cuchillo y el tenedor.
   b. Sí, la pongo en mi habitación.
   c. Sí, pongo la comida en la mesa.

10. —¿Te vas a Acapulco? No lo creo.
    —¿De qué te sorprendes?

    —_____

    a. Que tienes que viajar.
    b. Que vayas a Suramérica.
    c. Que tengas tanto dinero.

11. —Mi amiga Juanita siempre hace crucigramas.

    —_____

    a. Es evidente que sabe muchas palabras.
    b. Dudo que le guste pescar.
    c. No creo que arregle carros.

12. —Voy a preparar una tortilla española.
    —¡Qué bueno! ¿Qué ingredientes necesitas?

    —_____

    a. Lechuga, queso y pimienta.
    b. Tenedor, vaso y sartén.
    c. Cebolla, huevos y patatas.

Actividad K: Cloze Paragraph. By writing the appropriate words, complete the following note that one roommate left for another on the refrigerator door.

Te esperé hasta _____ doce y media, pero tengo

_____ ir a _____ biblioteca. Preparé algo

_____ el almuerzo y está _____ la cocina. Espero que

no _____ muy tarde y que la comida no _____ fría.

Sabes que esta noche vienen los chicos a cenar y a _____ a las cartas. Dudo

_____ Armando y Manuel jueguen con nosotros. Estoy segura de que se

_____ a sentar a hacer crucigramas o a _____ al ajedrez.

¿Puedes ir a la tienda _____ mí? No tenemos casi nada

_____ comer. Hay que comprar los _____ para hacer

una tortilla española y también lechuga _____ Pepsi. Espero que no gastes

mucho _____ , porque es el fin de mes y, como sabes, estamos

_____ poco pobres. Tal vez yo regrese _____ las cinco

y _____ tiempo para limpiar la casa. Te veo _____

tarde. Gracias _____ tu ayuda.

Actividad L: Cloze Paragraph. Complete the following ad for a store by writing the appropriate words.

¿Está Ud. cansado? ¿No _____ dormir? ¿_____

divierte poco? Quizás Ud. trabaje demasiado. Es posible que _____ descansar.

Si Ud. toma _____ minutos y pasa _____ nuestra tienda

"Pasatiempos" para pasar el _____ , se va a sorprender de la variedad tan

grande de juegos y pasatiempos que tenemos: monedas y _____ para

coleccionar, rompecabezas, _____ de ajedrez y mucho

_____ . Esperamos que encuentre _____ poco dinero el

pasatiempo perfecto _____ Ud.

CAPÍTULO 10

Actividad A: Mail and the Internet. Associate each of the following descriptions with a word or expression relating to the mail or the Internet and write your answer.

1. la escribes y después la pones en un sobre _____

2. cuando mandas una carta la pones en uno de éstos, que son azules en los Estados Unidos

    _____

3. la persona que te trae las cartas _____

4. cuando voy al correo siempre tengo que esperar porque hay muchas personas que están

    haciendo esto _____

5. si quiero mandar algo grande, mando uno de éstos _____

6. por un lado tiene una foto y por el otro lado puedo escribir _____

7. no puede mandar una carta sin comprar y poner uno de éstos en el sobre _____

8. después de escribir la carta, la pongo en uno de éstos _____

9. escribo esto para que el cartero sepa adónde va la carta _____

10. esto es la dirección de la persona que escribe la carta _____

11. @ _____

12. Yahoo, Google, Altavista _____

13. www _____

14. : _____

15. // _____

16. . _____

17. http://www.mayatips.com.mx/Home2.html es la dirección del _____

    de la revista *Mundo Maya*.

18. es más rápido mandar esto que una carta normal _____

19. pasar tiempo explorando en Internet _____

Actividad B: Sports Equipment. Associate each of the following sports with the appropriate equipment and write your answer.

1. el béisbol _____

2. el fútbol americano _____

3. el golf _____

4. el tenis _____

5. el boxeo _____

6. el hockey _____

7. esquiar _____

8. jugar a los bolos _____

9. patinar en la calle _____

10. patinar en el invierno _____

Actividad C: Verbs Like *gustar*. Complete each of the following sentences by writing the appropriate form of the verb in the preterit or present tense as indicated by the context.

1. A mí _____ _____ los deportes. (fascinar)

2. Ayer a nosotros _____ _____ la película. (encantar)

3. Pablo juega al hockey, por eso, _____ _____ dos dientes. (faltar)

4. Anoche vimos el apartamento de Beto y _____ _____ . (encantar)

5. ¿Qué _____ _____ la película que viste el sábado? (parecer)

6. A mí _____ _____ muy inteligentes tus hijos. (parecer)

7. A Joaquín _____ _____ coleccionar sellos. (encantar)

8. A Jorge y a Laura _____ _____ la clase de español. (encantar)

9. ¿A vosotros _____ _____ una buena idea? (parecer)

10. A ese jugador _____ _____ un zapato. (faltar)

11. ¿Qué _____ _____ a ti la película de anoche? (parecer)

Actividad D: Combining Direct- and Indirect-Object Pronouns. Rewrite each of the following sentences using direct- and indirect-object pronouns when possible.

1. Te voy a mandar la carta.

   _____

2. Le compré unas pesas para su cumpleaños.

   _____

3. ¿Quieres que te mande los papeles?

   _____

4. Nos fascina el apartamento.

   _____

5. Nos compró unos esquíes.

   _____

6. Siempre me escribía poemas.

   _____

7. Mi padre me regaló un bate.

   _____

8. Voy a comprarle los sellos.

   _____

9. ¿Les diste el periódico?

   _____

10. Me gustan tus guantes.

    _____

11. ¿Me estás pidiendo dinero?

    _____

Actividad E: Question/Answer with Double-Object Pronouns. Answer the following questions in the affirmative using double-object pronouns whenever possible. Note: not all answers will contain double-object pronouns.

1. ¿Me compraste el pan? _____

2. ¿Me mandaste la carta? _____

3. ¿Me estás escuchando? _____

4. ¿Me vas a preparar un sándwich? _____

5. ¿Le regaló la falda tu padre a tu madre? _____

6. ¿Les dio los resultados a Uds. el médico? _____

7. ¿Le dio Ramona los antibióticos a Ud.? _____

8. ¿Le van a comprar un carro tus padres a tu hermano? _____

9. ¿Le vas a escribir a tu madre? _____

10. ¿Te puedo mandar correo electrónico este verano? _____

11. ¿Le diste el carro a Rodrigo y a Ana? _____

Actividad F: The Imperfect. Complete each of the following sentences by choosing the logical verb and writing its appropriate imperfect form.

1. Yo _____ crucigramas en el autobús todos los días. (hacer, poner)

2. Ellos _____ mucho dinero. (comenzar, tener)

3. Vosotros _____ muy buenos estudiantes. (ser, estar)

4. Nosotros _____ todas las novelas de Gabriel García Márquez. (escribir, leer)

5. Nosotros _____ a la playa todos los veranos para las vacaciones. (ir, correr)

6. Él me _____ una carta todas las semanas. (mandar, cerrar)

7. De pequeños, los niños _____ en Papá Noel. (creer, pedir)

8. Mi padre _____ el periódico todos los días. (comprar, viajar)

9. Roberto y Carlota _____ muchos problemas. (revolver, tener)

10. Mis hermanos y yo _____ rubios de pequeños. (ir, ser)

11. Todos los días en el verano yo _____ en la piscina. (nadar, esquiar)

12. Carlos siempre _____ tarde al trabajo. (llegar, saltar)

13. Los viernes, después de trabajar, nosotros _____ al fútbol en el parque. (correr, jugar)

14. Al volver de la escuela yo siempre _____ a mi abuela antes de ir a mi casa. (pasar, ver)

15. En los años 50, no _____ computadoras personales. (haber, estar)

16. John F. Kennedy, Jr. _____ muy guapo. (ser, estar)

17. Él _____ a casa de su novia todas las tardes. (salir, ir)

Actividad G: Imperfect or Preterit. Complete each of the following sentences by writing the appropriate imperfect or preterit form of the indicated verb. Remember that the imperfect is for habitual or repeated actions or for description in the past.

1. Nosotros _____ en un apartamento muy pequeño cuando éramos pequeños. (vivir)

2. Anoche nosotros _____ una película horrible. (ver)

3. _____ mucho calor y, por eso, pedí un café con hielo. (hacer)

4. Ayer no _____ ducharme porque no había agua. (poder)

5. John Kennedy _____ muy joven para ser presidente. (ser)

6. Todos los días nosotros _____ a las cinco de la mañana. (levantarse)

7. _____ mucha gente en el concierto. (haber)

8. El sábado pasado Carmen y yo _____ a la playa. (ir)

9. Compré mi primer carro cuando _____ 22 años. (tener)

10. Mi madre _____ el periódico todas las mañanas antes de ir al trabajo. (leer)

11. El partido _____ tarde porque hacía mal tiempo. (empezar)

12. El carro de mi primo _____ rojo. (ser)

13. Alberto _____ triste porque su novia no estaba con él. (estar)

14. Carlos _____ a clase todos los días. (ir)

15. Carlos no _____ a la clase de matemáticas ayer. (ir)

16. _____ las doce cuando terminó la película. (ser)

17. _____ 16 años cuando visité Suramérica por primera vez. (tener)

Actividad H: Mini-conversations. Read each of the following conversations and choose the letter of the correct response.

1. —¿Adónde vas?
   —Voy al correo.
   —¿Para qué?

   — _____

   a. Para mandar una carta.
   b. Para comprar unos patines de hielo.
   c. Para hacer cola.

2. —¿Puedes darme esos guantes, por favor?

   — _____

   a. Sí, me los das.
   b. Sí, se las doy.
   c. Sí, te los doy.

3. —Estoy muy triste.
   —¿Por qué?

   — _____

   a. Me parece interesante el libro.
   b. Echo de menos a mi familia.
   c. Ellos practican ciclismo.

4. —¿Quieres jugar al basquetbol?
   —No, no me gusta mucho.
   —¿Te gustaría jugar al tenis?

   — _____

   a. Sí, pero no tengo guantes.
   b. Sí, pero necesitamos cascos.
   c. Sí, pero no tengo raqueta.

5. —A mi padre le gustan los deportes.
   —¿Y a Uds. les gustan también?

   — _____

   a. Sí, nos molestan mucho.
   b. Sí, nos fascinan.
   c. Sí, a ellos les importan.

6. —¿Vas a tu casa este fin de semana?
   —No puedo, tengo que trabajar. ¿Y tú?

   — _____

   a. Sí, les gusta visitar a su familia.
   b. Sí, nos falta tiempo.
   c. No, me quedo en la universidad.

7. —¡Mamá, mamá, mira esto!

   — _____

   a. Deja de gritar, ¿vale?
   b. Acabas de llegar.
   c. Te echo de menos.

8. —¿Quién te regaló esa bicicleta?

   — _____

   a. Me la dio mi padre.
   b. Mi padre te la regaló.
   c. Se la regalé a mi padre.

9. —¿Qué haces?
   —Voy a mandar un fax.
   —¿A quién?

   — _____

   a. Eduardo me la va a mandar.
   b. Se lo voy a mandar a Eduardo.
   c. Se lo mandé a Eduardo.

10. —¿Terminaste?
    —Todavía no.
    —¿Tienes que escribirle la carta a tu jefe?

    — _____

    a. Sí, tengo que escribírtelo.
    b. Sí, ya se los escribí.
    c. Sí, estoy escribiéndosela.

11. —El año pasado compré un coche nuevo.
    —¿De qué color?

    — _____

    a. Estaba negro.
    b. Era verde.
    c. Estuvo rojo.

12. —Ayer vi a mi actor favorito.
    —¿Y cómo era?

    — _____

    a. Tenía poco pelo y bigote.
    b. Fue muy simpático.
    c. Estaba con mi abuelo.

Actividad I: Cloze Paragraphs. Complete the following portions of three different letters by writing the appropriate words.

1. Espero que _____ bien y que no trabajes demasiado. Ya _____ seis meses que llegué a Guatemala y todo _____ fascina. La gente y las costumbres son nuevas y diferentes y _____ parece estar en otro mundo, _____ me encanta. A lo mejor voy a estar aquí mucho _____. Cuando llegué conocí _____ mucha gente en la universidad, especialmente _____ un chico muy simpático que _____ llamaba Antonio. Antonio _____ 24 años; _____ bajo, moreno y muy inteligente. Salí con él por tres meses y él _____ enseñó mucho sobre la vida de este país. Me _____ Antigua, la capital original _____ Guatemala, que _____ una ciudad muy importante para los españoles. Pero ¿sabes? Estoy triste porque Antonio ya no está aquí. Estudia en una universidad de Francia y va a estar allí _____ unos tres años.

2. No sé _____ sabes, pero el domingo _____ comenzaron aquí los Juegos Panamericanos. Ayer yo _____ a un _____ de basquetbol muy interesante entre los Estados Unidos y Puerto _____. Los jugadores de Estados Unidos _____ altísimos y los de Puerto Rico eran _____, pero jugaban muy bien. Finalmente ganó el equipo de los _____ Unidos. Recibieron un trofeo que _____ muy grande. Cuando se _____ dieron, el jefe del equipo _____ muy contento.

3. Voy a terminar esta carta y tengo _____ ir al _____ para comprar estampillas y mandarla. También tengo que conseguir unas _____ postales. Se _____ voy a mandar a mis parientes y _____ mis amigos. Te _____ de menos y espero que me puedas venir a _____ pronto. Dudo que mi familia _____ venir, pero quiero que tú _____.

Actividad J: Cloze Paragraph. Complete the following portion of an interview with a famous author by writing the appropriate words.

—Señor Montero, me gustaría saber algo de Ud. cuando _____ niño.

   ¿Dónde vivía Ud. cuando _____ diez años?

—_____ con mis padres en Montevideo, _____.

—Y cuando Ud. era niño, ¿era su vida diferente a la _____ de otros niños?

—Ehh . . . No. En realidad, estudiaba, _____ a fiestas con mis amigos,

   jugaba _____ ellos, . . . la vida normal de un

   _____ uruguayo. Recuerdo que en el verano, mi familia y yo

   _____ a la playa. Siempre _____ calor, pero el

   agua del Atlántico siempre estaba _____. Eran unos

   _____ maravillosos.

—¿Me puede decir cuándo _____ Ud. a escribir?

—Fue un verano _____ la playa, _____ quince

   años y escribí mi _____ novela. Era un _____

   de aventuras; en realidad no _____ muy bueno y

   _____ escribí en dos meses, pero _____ lo enseñé a mis

   padres y ellos vieron que yo _____ talento y

   _____ lo mandaron a un amigo que _____

   editor.

CAPÍTULO 11

Actividad A: Health and Medications. Write the health- or medication-related word or expression that you would associate with each of the following phrases.

1. tener frío, después tener calor, y más tarde tener frío _____

2. romperse un brazo o una pierna _____

3. A, B, AB, O _____

4. una fotografía de la parte interior del cuerpo _____

5. cuando no puedes respirar y tienes tos _____

6. cuando tienes esto necesitas tomar antibióticos _____

7. cuando te cortas y sangras tienes esto _____

8. tener que ir mucho al baño _____

9. 102°F, 40°C _____

10. si fumas mucho es posible que hagas esto _____

11. muchas mujeres tienen esto por la mañana cuando están embarazadas _____

12. una persona que nunca está enferma tiene esto _____

13. la hepatitis, el cáncer y la diabetes son ejemplos de esto _____

14. si una persona es de Los Ángeles y va a Denver siente esto por la altura _____

15. Vicks 44, Nyquil _____

16. Bayer, Bufferin _____

17. muchos medicamentos, por ejemplo Contac, vienen en esta forma _____

18. para obtener medicina de una farmacia necesitas que el médico te escriba esto _____

19. los niños lloran cuando reciben medicina de esta forma _____

20. un tipo de droga como penicilina, para combatir la infección _____

Actividad B: The Car. Write the automobile-related word or expression that you would associate with each of the following phrases.

1. donde pones las maletas _____

2. coges esto con las dos manos cuando manejas _____

3. pisas esto para ir más rápido _____

4. si hace calor usas esto _____

5. para mirar detrás de ti usas esto _____

6. para cambiar de primera a segunda, pisas esto con el pie izquierdo _____

7. para parar el carro pisas esto _____

8. los carros tienen esto para escuchar música _____

9. cuando llueve necesitas usar esto _____

10. para ver de noche necesitas éstas _____

11. un carro necesita cuatro; pueden ser de Michelín, Goodyear, etc. _____

12. el cristal de enfrente _____

13. donde pones la gasolina _____

14. es un líquido que necesita un carro, pero no es gasolina; se cambia con frecuencia _____

15. da electricidad al carro _____

16. DGY 879 _____

17. es necesario abrocharse esto antes de manejar un carro _____

18. pones la llave para hacer esto _____

19. es bueno hacer esto cada 15.000 millas _____

Actividad C: Preterit or Imperfect. Complete each of the following sentences by writing the appropriate preterit or imperfect form of the indicated verb.

1. Mientras me bañaba, alguien _____ por teléfono. (llamar)

2. Mi padre leía una novela mientras yo _____ la televisión. (mirar)

3. Yo _____ 14 años cuando _____ a México por primera vez. (tener, ir)

4. _____ buen tiempo, por eso nosotros _____ hacer un picnic. (hacer, decidir)

5. Después de la escuela, Jorge siempre _____ un helado de chocolate. (comprar)

6. Todos los días después de trabajar, Ana y Juan _____ _____ en un café para tomar algo y para hablar. (sentarse)

7. Él _____ 3 años cuando _____ _____ sus padres. (tener, morirse)

8. Hace tres años que yo _____ a este país. (venir)

9. Anoche Jorge _____ de su casa, _____ a la cafetería y _____ un café. (salir, ir, pedir)

10. Mis padres _____ de Maracaibo a Caracas cuando _____ contra otro coche. (manejar, chocar)

11. Ellos _____ la película cuando _____ que el presidente _____ en el hospital. (ver, oír, estar)

12. Yo _____ jugando al tenis cuando _____ a mi ex novia con mi mejor amigo. (estar, ver)

13. Hace dos meses que yo _____ el carro. (arreglar)

14. Anoche yo _____ a casa, _____ _____ en mi sillón favorito y _____ el periódico. (llegar, sentarse, leer)

15. _____ las cinco de la tarde cuando _____ la Sra. Giner. (ser, llegar)

16. _____ y _____ mucho viento; hasta los animales _____ frío. (nevar, hacer, tener)

17. Ellos siempre _____ _____ temprano. (acostarse)

18. Mientras yo _____, mi hermano _____ el piano. (estudiar, practicar)

19. Ellos _____ para IBM cuando _____ su casa. (trabajar, comprar)

20. Mi esposa y yo _____ viviendo en Panamá cuando _____ los problemas en este país. (estar, empezar)

21. Cuando nosotros _____ pequeños siempre _____ _____ a las 9:00. (ser, acostarse)
22. Hace una hora que _____ el programa. (empezar)
23. Después del accidente la gente _____ y _____ porque había muchos heridos. (llorar, gritar)
24. En 2001 mi tía _____ Colombia por primera vez. (visitar)
25. _____ mucha gente en la fiesta. Todos _____ y _____ , por eso el Sr. Gómez del apartamento de al lado _____ a la policía. (haber, cantar, bailar, llamar)
26. Por fin, Carlos _____ estudiar medicina. (decidir)
27. Cuando Jaime _____ pequeño _____ en Zamora. (ser, vivir)
28. _____ lloviendo, por eso ellos no _____ el partido. (estar, jugar)
29. Carlos y Victoria _____ 3 meses en Sucre. (vivir)
30. Mientras ella _____ _____ , _____ el teléfono. (ducharse, sonar)
31. Él _____ a cantar hace veinte años. (empezar)
32. La señora _____ gritando, por eso Juan _____ en el apartamento para ver qué le _____ . (estar, entrar, pasar)
33. Ayer Pablo _____ fiebre, pero hoy está bien. (tener)
34. Nosotros _____ por el parque cuando _____ la explosión. (caminar, oír)
35. Un día mi padre y yo _____ en una gasolinera y él me _____ allí; no _____ _____ cuenta hasta llegar a casa una hora más tarde. (parar, dejar, darse)
36. Pobre Felipe; _____ , _____ y _____ fiebre. (toser, estornudar, tener)
37. Uds. _____ Perú y _____ Machu Picchu, ¿no? (visitar, ver)
38. ¿Qué _____ Ud.? (perder)
39. _____ las tres de la mañana cuando nosotros _____ de trabajar. (ser, terminar)
40. Ellos _____ por la calle cuando _____ el accidente. (caminar, ver)
41. ¿A qué hora _____ al concierto vosotros? (llegar)
42. ¿Cuándo _____ Uds. el Ballet Folklórico de México? (ver)
43. ¿A qué hora _____ el concierto? (empezar)

44. _____ la una cuando Pedro me _____. (ser, llamar)

45. Ellos _____ _____ hace 35 años. (casarse)

46. ¿Cómo _____ tu profesor favorito de la escuela primaria? (ser)

47. Ella _____ en la televisión por primera vez in 1993. (salir)

48. Cuando tú _____ en España, ¿a qué hora _____

    normalmente? (vivir, comer)

49. ¿Cómo _____ tu escuela secundaria? (ser)

50. ¿Cuándo _____ tú del hospital? (salir)

51. Cuando _____ _____ mi abuelo, casi no _____ pelo.

    (morirse, tener)

52. Yo siempre _____ ser doctora, pero después _____ ser

    ingeniera. (querer, decidir)

53. ¿Dónde _____ tú mi disco compacto de Juan Luis Guerra? (poner)

54. Por fin Carlos y yo _____ arreglar el carro. (poder)

55. Carlos _____ trabajar el viernes, pero _____ visitar a su

    madre. (deber, querer)

56. Yo te _____ cinco veces anoche. (llamar)

57. Todos los sábados, nosotros _____ a mi abuela. (visitar)

58. Todos los días yo _____ con mi amigo Víctor en la clase de historia y la

    profesora nos _____. (hablar, gritar)

Actividad D: More Preterit or Imperfect. Complete each of the following sentences by writing the appropriate preterit or imperfect form of the indicated verb.

1. Carmen _____ a estudiar, pero en el último momento tuvo que trabajar. (ir)

2. Juan _____ que comprar antibióticos para su esposa, pero _____ aspirinas. (tener, comprar)

3. ¿Cuándo _____ tú a mi amigo Ramón? (conocer)

4. Tú _____ a ir a la fiesta anoche. ¿Por qué no _____? (ir, ir)

5. Ayer _____ que hablar con el profesor y él nos _____ mucha información. (tener, dar)

6. Ayer nosotros _____ la verdad. (saber)

7. Cuando yo _____ pequeña, _____ que Papá Noel no _____, pero no les _____ nada a mis padres porque _____ recibir regalos. (ser, saber, existir, decir, querer)

8. Nosotros _____ a trabajar el sábado, pero _____ un accidente. (ir, tener)

9. Ellos no _____ a Gonzalo en la fiesta porque él no pudo venir. (conocer)

10. Ellos _____ que estudiar, pero _____ a bailar. (tener, salir)

11. Nosotros _____ a ir a la playa, pero llovió. (ir)

12. Mi novio _____ a mis padres ayer. (conocer)

13. Cuando yo _____ en Madrid, _____ muy bien a tu abuelo. (vivir, conocer)

14. Anoche yo _____ que hablar con el Sr. Ramos pero no lo _____. (tener, encontrar)

15. Nosotros _____ muy bien a mi abuela paterna porque _____ los veranos en su casa. (conocer, pasar)

Actividad E: Past Participles as Adjectives. Complete each of the following sentences by writing the appropriate past participle of the indicated verb.

1. ¿Qué quiere que haga ahora? Todos los carros están _____. (arreglar)

2. El artículo está _____ y lo puse en su escritorio. (traducir)

3. Las escribí todas; ya están _____ las tarjetas de Navidad. (terminar)

4. Por favor, señor, ¿me puede ayudar? Mi hija está _____. (perder)

5. La tortilla ya está _____. ¿Quieren beber algo mientras esperan? (pedir)

6. ¿Sabías que Carmen y Ramón ya están _____? (casar)

7. Carlos estaba muy _____. (sorprender)

8. Los niños ya están _____. ¿Cuándo salimos? (vestir)

9. La carta ya está _____. La mandé esta mañana. (mandar)

10. No pude comprar lo que querías porque la tienda estaba _____. (cerrar)

11. Todas las personas están _____; podemos empezar. (sentar)

12. David está enfermo y está _____. (acostar)

13. Raúl no puede hablar por teléfono porque no está _____ todavía. (levantar)

14. Quería comprarle los esquíes a Elena, pero ya estaban _____. (vender)

15. Después del penalty, el jugador estaba _____. (enojar)

16. Vamos a jugar; todos estamos _____. (preparar)

17. ¡Claro que Elisa está _____ a la fiesta! (invitar)

18. Vamos a sentarnos; la comida ya está _____. (servir)

19. Papá, el carro está _____. ¿Puedo salir ahora? (lavar)

20. ¿Quién hizo este examen? Esta pregunta está _____. (repetir)

Actividad F: Mini-conversations. Read each of the following conversations and choose the letter of the logical response.

1. —¿Están enfermos?

   —_____

   a. No, tienen una receta médica.
   b. Sí, tienen tos.
   c. Sí, tengo náuseas.

2. —¿Qué hacían Uds. cuando las llamé?

   —_____

   a. Escuchábamos la radio.
   b. Jugamos al golf.
   c. Miraba un video.

3. —¿Me llevas en tu carro?

   —_____

   a. No, porque el carro no arranca.
   b. No, porque tiene un baúl.
   c. No, porque está en el retrovisor.

4. —Carlos está en el hospital.
   —¿Por qué?

   —_____

   a. No compró el vendaje.
   b. Tenía buena salud.
   c. Tuvo un accidente automovilístico.

5. —¿Sabes? Llegué a este país en 1985.
   —¿Y dónde vivías antes?

   —_____

   a. Viví en Centroamérica.
   b. Estaba en Centroamérica.
   c. Trabajabas en Centroamérica.

6. —¿Te gustó el concierto?
   —Sí, mucho. Y tú, ¿por qué no fuiste?

   —_____

   a. Iba a ir pero me enfermé.
   b. Iba todos los días.
   c. Iba contigo.

7. —¿Qué síntomas tenía el niño?

   —_____

   a. Tenía un parabrisas.
   b. Jarabe y pastillas.
   c. Fiebre y escalofríos.

8. —Anoche nos acostamos tardísimo.
   —¿Por qué?

   —_____

   a. Teníamos mucho sueño.
   b. Tuvimos que trabajar.
   c. Queríamos dormir.

9. —Juanito, tienes que practicar el piano.
   —No quiero.

   —_____

   a. Además no es importante.
   b. Para colmo no me gusta.
   c. Debes hacerlo ahora mismo.

10. —¡Qué frío hace!
    —¿Por qué no cierras las ventanas?

    —_____

    a. Los cerré.
    b. Ya están cerradas.
    c. Lo cerraron.

11. —¿Por qué llegas tan tarde?

    —_____

    a. No arrancó el carro.
    b. No tuve que tomar un autobús.
    c. No había acelerador.

12. —Y ahora estoy resfriado.
    —¿Por qué?
    —Porque mientras caminaba a casa

    —_____

    a. llovía mucho.
    b. llovió mucho.
    c. llueve mucho.

13. —¿Qué hacían cuando vino Carlos?

—_____

   a. Prepararon la cena.
   b. Preparan la cena.
   c. Preparaban la cena.

14. —¿Sabes lo que hacía yo mientras tú te divertías?
   —No, ¿qué?

—_____

   a. Estudié mucho.
   b. Trabajaba en la oficina.
   c. Estuve aquí.

15. —¿Te molesta la música?

—_____

   a. No vale la pena.
   b. No. ¡Qué lío!
   c. No, ¡qué va!

16. —¿No sabes quién es él?

—_____

   a. Sí, lo conocía ayer.
   b. Sí, lo conocí ayer.
   c. Sí, lo conocían ayer.

17. —¡Qué hambre tengo!
   —¿No vas a preparar la cena?

—_____

   a. Está preparada.
   b. Es preparada.
   c. Está preparando.

Actividad G: Cloze Paragraph. Complete the following newspaper article by writing the appropriate words.

HERIDOS EN ACCIDENTE AUTOMOVILÍSTICO

Anoche mientras llovía mucho y las calles _____ en malas condiciones, ocurrió un terrible _____ en la Avenida Chile de esta ciudad. Julio Ortiz, hombre de 56 _____ que _____ un carro viejo, chocó con un autobús _____ la ciudad. El autobús _____ a doblar a la derecha cuando Ortiz no pudo controlar su carro y _____ los dos vehículos. Mientras esperaban la ambulancia, dos policías _____ a las víctimas. Varias personas _____ heridas y algunas sangraban _____ . La policía dijo que el _____ de seguridad del Sr. Ortiz no _____ abrochado y, para colmo, él _____ manejando muy rápidamente. Los policías no _____ más. Los paramédicos _____ que llevar a las víctimas al _____ .

Actividad H: Cloze Conversation. Complete the following conversation between a patient and a doctor by writing the appropriate words.

—Buenos días, doctora.

—¿Cómo _____ , señorita?

—De veras no muy _____ . Me siento mal, tengo _____ fiebre, tos, náuseas y diarrea.

—Vamos a ver. ¿Cuándo _____ a tener esos síntomas?

—Ayer por la mañana, mientras _____ vistiéndome comencé a sentirme mal y cuando _____ a salir _____ el trabajo sentí escalofríos.

—Entonces, no fue a trabajar, ¿_____ ?

— _____ que ir porque tenía mucho trabajo, pero no pude continuar y _____ a casa.

—Sí, ya veo. Ud. tiene _____ gripe terrible. Aquí tiene una _____ médica para un antibiótico y _____ jarabe. La farmacia del hospital está _____ , pero puede comprarlos en la _____ de la Avenida de las Américas.

—Gracias, doctora. Adiós.

Actividad I: Cloze Paragraph. By writing the appropriate words, complete the following note left by a nurse for the doctor.

_____ las doce cuando su esposo llamó. Dijo que mientras él estaba

_____ la oficina, lo _____ por teléfono el director del

colegio de _____ hijo. Estaba muy preocupado y le dijo que su hijo

_____ una fractura en _____ pierna. Mientras estaban en

la clase de deportes el niño _____ corriendo y _____

cayó. Su esposo _____ que llevarlo al hospital y no pudo volver

_____ trabajo. También mientras Ud. no estaba en el consultorio,

_____ la Sra. Dolores de Barriga. Dijo que _____ muy

enferma como siempre. _____ escalofríos y mucha tos. La pobre señora cree

_____ tiene problemas, pero dudo que _____ verdad.

También llamó el doctor Matasanos. Él _____ que Ud. vea a sus pacientes

_____ una semana. Una cosa _____ importante: llamó un

vendedor de carros. _____ que tenía el carro perfecto para Ud. Él espera que

Ud. lo vea mañana _____ la mañana y dijo que el carro sólo

_____ 25.000 dólares.

CAPÍTULO 12

Actividad A: Instruments and Foods. Write the word that does not belong in each of the following groups.

1. saxofón, filete, trompeta, flauta _____

2. violín, trompeta, guitarra, violonchelo _____

3. pollo, ajo, cerdo, cordero _____

4. carne de res, espárragos, coliflor, ajo _____

5. frijoles, cordero, lentejas, guisantes _____

6. flauta, batería, clarinete, trombón _____

7. chuleta, filete, bistec, helado _____

8. flan, helado, fruta, pavo _____

Actividad B: Geography. Write the word that does not belong in each of the following groups.

1. lago, puente, mar, río _____

2. catarata, río, océano, selva _____

3. isla, costa, playa, valle _____

4. campo, puente, carretera, autopista _____

5. colina, montaña, volcán, costa _____

6. pueblo, bosque, ciudad, puerto _____

Actividad C: Geography. Write the word you associate with the following names and places.

1. Tarzán _____

2. Jack y Jill _____

3. Venice, Daytona, Waikiki _____

4. los Andes _____

5. Golden Gate _____

6. Nilo, Misisipí, Orinoco _____

7. Pacífico _____

8. Nueva York, Nueva Orleans, Houston, Barcelona, San Juan _____

9. Mt. St. Helen, Etna, Pinatubo _____

10. La autobán en Alemania _____

11. Cuba, Puerto Rico, Hispañola _____

12. Titicaca _____

13. Napa, Death _____

14. Niágara, Iguazú _____

15. Smokey y Yogi _____

16. pocas casas, pocas personas _____

Actividad D: Negatives. Complete each of the following sentences by writing the correct negative word.

1. Me robaron y ahora no tengo _____ dinero

   _____ tarjetas de crédito.

2. _____ me dijo la verdad.

3. —¿Tienes unos discos compactos de salsa?

   —No, no tengo _____.

4. No puede tener _____ perros _____ gatos porque

   tiene alergias.

5. No tengo _____ ; perdí todo cuando explotó la bomba y destruyó mi

   casa.

6. No les dio ropa _____ comida a las víctimas.

7. No me dijo _____.

8. Ella no tiene parientes _____ amigos que la ayuden. Está sola.

9. _____ amiga me ayudó.

10. No tenían casa _____ carro después de la explosión.

11. No me dio _____.

12. La escuela no tiene dinero para libros _____ cuadernos para los

    estudiantes.

Actividad E: Preterit vs. Imperfect. Complete each of the following sentences by writing the appropriate preterit or imperfect form of the indicated verb.

1. A menudo nosotros _____ a mis abuelos cuando ellos

   _____ en el pueblo. (visitar, vivir)

2. Ellos _____ a una fiesta anoche, por eso no

   _____ . (ir, estudiar)

3. ¿Qué _____ Ud. anoche? (hacer)

4. Cuando yo _____ en Madrid, a veces mi novio y yo

   _____ en un restaurante que se llamaba Casi Poli. (trabajar, comer)

5. Todos los viernes _____ muchas personas en el restaurante. (haber)

6. ¿_____ Uds. a Nuria ayer? (ver)

7. Cuando yo _____ en Chile, algunas veces _____

   a las montañas a esquiar. (vivir, ir)

8. _____ la carretera nueva anteayer. (abrir)

9. Mis padres _____ en este club con frecuencia cuando

   _____ estudiantes. (bailar, ser)

10. Mi madre _____ cinco millas a la escuela todos los días, hasta en el

    invierno cuando _____ mucho frío. (caminar, hacer)

11. _____ lloviendo y de repente nosotros _____ un

    ruido muy fuerte; creo que fue un accidente automovilístico. (estar, oír)

12. Cuando Sergio y yo _____ , con frecuencia

    _____ en restaurantes y después _____ al cine.

    De vez en cuando, si Sergio _____ dinero, _____

    al teatro. A mí me _____ ir al teatro. (salir, comer, ir, tener, ir, encantar)

13. Anteayer nosotros _____ un examen, y yo _____

    muy mal. (tener, salir)

14. _____ que estaba enferma porque con frecuencia me

    _____ la espalda. (saber, doler)

15. El viernes pasado los estudiantes _____ las vacaciones; por eso no hay

    nadie en el pueblo ahora. (empezar)

16. A menudo _____ en las montañas, por eso, mi padre normalmente

    _____ el avión en vez de manejar. (nevar, tomar)

17. En mi trabajo, de vez en cuando yo _____ que ir a las montañas para

    hacer videos de la gente que _____ esquiando. (tener, estar)

18. Jorge _____ _____ para hablar cuando de repente _____

    _____ cuenta de que no _____ sus papeles.

    (levantarse, darse, tener)

19. Todos los días mis amigos y yo _____ en el río. (nadar)

20. Cuando yo _____ diez años, muchas veces mi hermano y yo

    _____ de casa a las tres de la mañana para pescar. (tener, salir)

21. El mes pasado _____ mi trabajo y todavía no tengo nada. (perder)

22. Alfonso siempre _____ tener una novia y ayer, creo que él

    _____ a la persona perfecta. (querer, conocer)

23. Mi familia siempre _____ a las montañas de vacaciones y yo nunca

    _____ ir porque siempre _____ mal tiempo. (ir,

    querer, hacer)

24. Ayer Jorge _____ unos espárragos con mayonesa y hoy está enfermo.

    (pedir)

Actividad F: Past Participles as Adjectives. Complete each of the following sentences by writing the appropriate past participle of the indicated verb.

1. Perdón, ¿está _____ la tienda? (abrir)

2. No entendía ninguna de las palabras que estaban _____ en la pizarra. (escribir)

3. Mamá, mi cama está _____. ¿Puedo ir a jugar? (hacer)

4. Carlos y Felipe no durmieron en toda la noche y hoy estaban _____ de sueño. (morir)

5. Después de la tormenta el limpiaparabrisas del carro estaba _____. (romper)

6. El puente nuevo está _____. (abrir)

7. Todo estaba _____. (decir)

8. La mesa está _____. ¿Podemos comer? (poner)

9. Las lentejas están _____. ¿Ahora qué hago? (hacer)

10. El helado ya está _____. (pedir)

11. Los espárragos están _____. ¿Quieres que los ponga en una olla? (lavar)

12. Silvia, el primer plato ya está _____. Vamos a sentarnos, ¿no? (servir)

13. Por favor, camarero. Este filete no está bien _____. (hacer)

14. Después de mucho trabajo, el libro estaba _____. ¡Por fin! (escribir)

15. Victoria, ¿puedo entrar? ¿Estás _____? (vestir)

16. Me dolía la pierna muchísimo, así que fui al médico y resultó que la pierna estaba _____. (romper)

Actividad G: Comparatives and Superlatives. Complete each of the following sentences by making comparisons based on the information given.

1. Carlos es alto y Felipe es bajo. Carlos es

   _____.

2. Fernando es inteligente y Pepe es muy inteligente. Fernando es

   _____.

3. Felipe tiene 25 años y Ramón tiene 26 años. Ramón es

   _____.

4. Pilar tiene 20 años y su hermano tiene 22. Pilar es

   _____.

5. Tengo tres hijas; Dolores es muy mala. Dolores es

   _____.

6. Tengo cuatro perros; Rufi es muy simpática. Rufi es

   _____.

7. David trabaja bien, pero Darío trabaja muy bien. Darío trabaja

   _____.

8. María es simpática y Carmen es antipática. María es

   _____.

9. Tengo muchos profesores, pero el Sr. Robles es muy bueno. El Sr. Robles es

   _____.

10. Víctor mide 2 metros y Jorge mide 2 metros y 3 centímetros. Víctor es

    _____.

11. Laura tiene 20 años, Angelita tiene 22 años e Isabel tiene 25 años. Laura es

    _____.

Actividad H: *De, que; más, menos; el, la, los, las.* Write the appropriate word or words to complete each of the following sentences.

1. La operación de Javier le costó más _____ 25.000 dólares.

2. Las vacaciones en las montañas son más divertidas _____ en la playa.

3. Lorenzo es _____ más bajo _____ los tres hermanos.

4. Esta computadora cuesta más _____ 3.000 dólares.

5. Mis exámenes de historia son más difíciles _____ tus exámenes; mi profesora siempre pide más.

6. El niño es grande, pero no puede tener más _____ diez años.

7. Los carros japoneses son _____ más económicos _____ todos.

8. Fue baratísimo. ¡El viaje de ida y vuelta con hotel me costó _____ _____ 500 dólares!

9. Había menos _____ 30 personas en la fiesta.

10. Juanita tiene 3 años y es _____ menor de los cinco hermanos.

Actividad I: The Absolute Superlative *(-ísimo)*. Rewrite each of these sentences using the absolute superlative.

♦   Shaquille O'Neal es muy alto. *Es altísimo.*

1. Paula es muy simpática.

    _____

2. Estas lentejas están muy buenas.

    _____

3. El examen fue muy fácil.

    _____

4. El carro de Guillermo es muy rápido.

    _____

5. La clase de historia me pareció muy larga hoy.

    _____

6. El niño está muy feliz hoy porque es su cumpleaños.

    _____

7. Juanita es muy baja.

    _____

8. Las tortillas de mi madre son muy ricas.

    _____

Actividad J: Mini-conversations. Read each of the following conversations and choose the letter of the logical response.

1. —Buenos días, señor.
   —Buenos días. ¿Va a comprar ternera hoy?

   —_____

   a. No, hoy prefiero un bosque y unas cataratas.
   b. No, hoy quiero un filete y unas chuletas.
   c. Sí, un mar y unos ríos.

2. —¿Qué vas a hacer para las vacaciones?
   —Voy con mi novio a esquiar en Steamboat.

   —_____

   a. ¡Qué va!
   b. ¡Qué cursi!
   c. ¡Qué chévere!

3. —Anoche eschuchamos un conjunto magnífico.
   —¿Sí? ¿Qué instrumentos tocaron?

   —_____

   a. El clarinete, la batería y el saxofón.
   b. La coliflor, el cordero y el pollo.
   c. El bosque, la selva y el lago.

4. —Quisiera tocar el violín en la orquesta.
   —¿Y por qué no lo tocas?

   —_____

   a. No puedo, está roto.
   b. No puedo, está rompiendo.
   c. No puedo porque tengo mucho tiempo.

5. —¿Pediste verduras?

   —_____

   a. Sí, no como ni carne ni pollo.
   b. Sí, de lentejas y melón.
   c. Sí, me gusta el helado.

6. —¿Tienen ellos la misma edad?
   —Andrés tiene 22 años y Mariana 24.

   —_____

   a. ¡Ah! Él es mayor que ella.
   b. ¡Ah! Él es mejor que ella.
   c. ¡Ah! Él es menor que ella.

7. —¿Qué hacían cuando vivían en el Caribe?

   —_____

   a. De repente fuimos a la playa.
   b. A menudo íbamos a la playa.
   c. Sin embargo, íbamos a la playa.

8. —¿Entraron Uds. a escuchar el concierto?

   —_____

   a. Sí, el teatro se abría a veces.
   b. Sí, el teatro se abrió después.
   c. Sí, el teatro estaba abierto.

9. —¿Qué más desean?
   —¿Qué hay de postre?

   —_____

   a. Frijoles y ajo.
   b. Flan con dulce de leche.
   c. Frijoles con queso.

10. —Cuando yo era joven me encantaba bailar.
    —O sea, ibas a muchas fiestas, ¿no?

    —_____

    a. Sí, hoy en día.
    b. Sí, de repente.
    c. Sí, a menudo.

11. —Vamos a nadar esta tarde.
     —¿Adónde?

     —_____

     a. En la carretera.
     b. En el mar.
     c. En la selva.

12. —Todos trabajamos para la fiesta.
     —¿Y qué hacían Uds. mientras sus padres
      preparaban la comida?

     —_____

     a. Poníamos la mesa.
     b. Limpiamos el apartamento.
     c. Contestamos el teléfono.

13. —¿Quieres que cenemos ya?
     —Sí, ¿pero está todo listo?

     —_____

     a. Sí, la mesa está puesta.
     b. Sí, todos somos listos.
     c. Sí, tengo que preparar la carne.

Actividad K: Cloze Paragraph. Complete the following newspaper article by writing the appropriate words.

La semana _____ en esta ciudad, hubo una convención sobre ecología.

_____ algunos de los ecólogos más famosos _____

mundo que vinieron _____ estudiar el problema grandísimo de

_____ contaminación del ambiente. Se hicieron tres grupos de estudios.

Mientras un grupo hablaba de la destrucción de la _____ , los otros

_____ estudiaban la contaminación del océano y la contaminación del aire

de las _____ . Finalmente, el viernes pasado los ecólogos dieron sus

conclusiones, que están _____ en un documento importantísimo. Dijeron que

el problema de la ecología es _____ importante que otros problemas

_____ en día. También dijeron que ni los Estados Unidos

_____ otros países debían ignorar _____ gran

problema de la contaminación.

Actividad L: Cloze Conversation. Complete the following portion of a conversation by writing the appropriate words.

—¿Y tú no _____ a ir al concierto de Mecano?

—Sí, pero no _____ . Estaba ocupadísima. ¿_____ tú?

—Sí, me divertí muchísimo, aunque no me gustaron _____ la primera

_____ la última canción.

—Pero entonces, _____ gustó el concierto, ¿no?

—No me gustó, pero _____ divertí. Ni la cantante

_____ el guitarrista _____ muy buenos, sin

embargo el chico que _____ la batería era sensacional. Además

_____ guapísimo y tocaba _____ que todos los

otros. ¿Y sabes? Mientras ellos _____ , el público cantaba, gritaba . . . era

un verdadero pandemonio. Pero ¡_____ chévere!

—No lo _____ creer. ¿Algo más?

—Pues, cuando tocaban la última canción, el chico de la guitarra de repente dejó

_____ tocar. Parece que su guitarra _____ rota,

pero _____ nadie le molestó porque nos estábamos divirtiendo

_____ .

Actividad M: Cloze Paragraph. Complete the following paragraph about the author's childhood by writing the appropriate words.

Cuando yo _____ niña vivía en Colombia. Recuerdo que vivíamos en una casa grande con _____ habitaciones, y que _____ un patio completamente lleno _____ flores. Yo era _____ menor de la familia y tenía un perro grandísimo que _____ llamaba Toni. Toni _____ casi más grande _____ yo. _____ menudo, mi familia iba _____ la playa. ¡Qué diferencia entre los días _____ de la ciudad, que _____ situada en la montaña, y el calor que _____ en la playa! Recuerdo muy bien un día cuando estábamos _____ y jugando en la playa que _____ repente oímos unos gritos horribles. Todos fuimos _____ ver qué pasaba. Vimos _____ una señora que lloraba muchísimo porque su hijo de siete años _____ perdido. Todos empezamos a _____ , pero no pudimos encontrarlo ni en la playa _____ en el mar. Estábamos tristísimos cuando apareció el niño con nuestro _____ , Toni. Ellos venían del pueblo y _____ jugando. El niño llevaba _____ helados: uno para él y otro para Toni.

CAPÍTULO 13

Actividad A: Travel Vocabulary. Write the word that you would associate with each of the following descriptions.

1. La persona que maneja el autobús o el camión. _____

2. Necesitas esto para entrar en el teatro. _____

3. Cuando estás en un tour organizado, ofrecen estos viajes extras a algunos lugares. Pueden estar incluidos en el precio o ser opcionales. _____

4. Cuando vas en una excursión, es la persona que te describe lo que estás viendo y te explica la historia. _____

5. El 15 de abril todos los norteamericanos tienen que pagar esto al estado y al gobierno federal.

   _____

6. Cuando vas de viaje, es la lista que dice dónde vas a estar y que incluye las fechas y horarios correspondientes. _____

7. El viernes no tienes planes, no tienes nada que hacer. Estás _____.

8. Algunas cosas son obligatorias, las tienes que hacer, y otras son _____.

9. Después de comer en un restaurante, dejas esto en la mesa para el camarero.

   _____

10. La persona que maneja un taxi. _____

11. El viaje del aeropuerto al hotel o del hotel al aeropuerto. Es bueno preguntar si esto está incluido en el precio de un tour. _____

Actividad B: Directions. Complete each of the following sentences by writing the appropriate word.

1. Donde dos calles cruzan hay _____ _____.

2. El señor _____ las escaleras porque el ascensor estaba roto. Al llegar al quinto piso estaba cansado.

3. La señora _____ del autobús y caminó a su casa.

4. Vi la tienda al otro lado de la calle y quería comprar un reloj nuevo. Por eso, yo tuve que

   _____ la calle.

5. El señor se perdió porque en vez de seguir derecho dos cuadras más,

   _____ a la derecha en la esquina.

6. Me encantó el tour porque el autobús _____ por enfrente de todos los lugares importantes de la ciudad. Ahora tengo una idea de donde está todo.

Actividad C: Present Perfect. Complete each of the following sentences by writing the appropriate present perfect form of the indicated verb.

1. ¿_____ _____ carne de Argentina? (comer)

2. ¿_____ _____ Uds. a Puerto Rico? (ir)

3. Yo nunca _____ _____ un maratón. (correr)

4. Tú nunca _____ _____ una nota buena en química, ¿verdad? (sacar)

5. ¿_____ _____ Ud. una canción? (escribir)

6. Mis padres nunca _____ _____ en una discoteca. (bailar)

7. ¿Sabes que Paco nunca _____ _____ alcohol? Dice que su padre es alcohólico y él no quiere tener el mismo problema. (beber)

8. ¿_____ _____ Ud. con computadoras? (trabajar)

9. Yo nunca _____ _____ las pirámides de México. (ver)

10. Él nunca _____ _____ problemas con la policía. (tener)

Actividad D: Present Perfect vs. Present Perfect Subjunctive. Complete each of the following sentences by writing the appropriate present perfect or present perfect subjunctive form of the indicated verb.

1. Tengo tiempo. Dudo que los niños _____ _____ del cine todavía. (salir)

2. ¿_____ _____ Uds. a las Islas Galápagos? (ir)

3. Yo nunca _____ _____ una cosa como ésta. (ver)

4. ¿Se sorprenden Uds. de que nosotros _____ _____? (venir)

5. ¿_____ _____ tú en este restaurante? (comer)

6. ¿Crees que ellos ya _____ _____? (volver)

7. Yo sé que el profesor duda que yo _____ _____ el trabajo, pero se lo voy a dar hoy. (terminar)

8. No lo puedo creer. ¿Sabes que Paco nunca _____ _____ un carro? (manejar)

9. ¿_____ _____ vosotros en un tour con la compañía Meliá? (viajar)

10. Ellos nunca _____ _____ nada, ¿verdad? (decir)

11. Buscamos una persona que _____ _____ francés y economía. (estudiar)

12. Es posible que Gonzalo _____ _____ en una excursión y por eso no está en el hotel. (ir)

13. Es probable que tus amigos _____ _____ ya. (llegar)

14. Carmen nunca _____ _____ en Caracas, ¿verdad? (trabajar)

15. ¿_____ _____ Ud. una computadora alguna vez? (usar)

16. ¿Creen Uds. que Paula _____ _____ un accidente? (tener)

Actividad E: Unintentional Occurrences. Complete each of the following sentences by writing the appropriate form of the indicated verb. Use a construction similar to **se me olvidó.**

1. _____ _____ _____ las llaves a Juan. (perder)

2. No pudimos comer porque _____ _____ _____ los frijoles. (quemar)

3. _____ _____ _____ todo el dinero a la señora al subir al autobús. (caer)

4. _____ _____ _____ la ternera a mi madre ayer. (quemar)

5. _____ _____ _____ la reunión, por eso no estuvimos. (olvidar)

6. ¿_____ _____ _____ que ibas a venir a mi casa anoche? (olvidar)

7. No pudimos entrar porque _____ _____ _____ a mí las entradas. (perder)

8. No pudimos salir del país porque _____ _____ _____ a Joaquín los pasaportes. (perder)

9. No pudimos ver la película anoche, porque _____ _____ _____ el proyector al cine. (romper)

10. No pude nadar porque _____ _____ _____ a mí el traje de baño. (olvidar)

Actividad F: Comparisons of Equality. Complete each of the following sentences by writing **tan, tanto, tanta, tantos,** or **tantas.**

1. Tienes _____ problemas como yo.

2. Este itinerario es _____ largo como el otro.

3. Yo entiendo _____ francés como tú.

4. Yo soy _____ atlética como tú.

5. Hay _____ carros como camiones en la carretera hoy en día.

6. Nosotros tenemos _____ dinero como ellos.

7. Yo necesito _____ ayuda como tú.

8. Un carro Seat es _____ caro como un Fiat.

9. Hay _____ hombres como mujeres en esta reunión.

10. Hay _____ niñas como niños en el equipo de béisbol de mi hijo.

11. Juan es _____ alto como su padre.

12. Ellos tienen _____ hijos como nosotros.

13. Este viaje es _____ bueno como el viaje que hicimos el año pasado.

Actividad G: Formal Commands. Rewrite each of the following sentences using formal commands.

1. Deben hablar con la policía.

   _____

2. Uds. no deben llegar tarde.

   _____

3. No debe comerla.

   _____

4. Deben abrocharse el cinturón de seguridad.

   _____

5. No deben comprarlos.

   _____

6. Ud. debe decírselo.

   _____

7. No pueden fumar.

   _____

8. No deben tocarlo.

   _____

9. Deben sentarse allí.

   _____

10. No deben hacer eso.

    _____

11. Ud. debe salir ahora mismo.

    _____

12. Uds. tienen que doblar a la derecha en la esquina.

    _____

13. No deben empezar ahora.

    _____

14. Uds. tienen que bajar del autobús ahora.

    _____

Actividad H: Mini-conversations. Read each of the following conversations and choose the letter of the correct response.

1. —¿Quieres que estudiemos esta noche?
   —Sí. Te veo en la biblioteca.

   — _____

   a. De acuerdo.
   b. Entonces, sigues dos cuadras más.
   c. Entonces, ¿hacemos cola?

2. —¿Llevaste el paquete al correo?

   — _____

   a. No, se me olvidó.
   b. Sí, te lo hago esta tarde.
   c. No, lo vas a recibir pronto.

3. —¿Cuánto costó el taxi?
   —15 dólares.

   — _____

   a. ¿Y cuándo fue la excursión?
   b. ¿Y le diste propina al taxista?
   c. ¿Y pagaste los impuestos?

4. —¡Oye! Gracias por pagar. No tengo ni un
      centavo.
   —Con mucho gusto.

   — _____

   a. No vale la pena.
   b. Te echo de menos.
   c. Me sacaste de un apuro.

5. —¡Pobre Eduardo! No puede venir con
      nosotros.
   —¿Por qué?

   — _____

   a. Porque no terminan el trabajo.
   b. Porque no terminaba el trabajo.
   c. Porque no ha terminado el trabajo.

6. —Vamos a empezar el viaje.
   —Sí, ya vinieron los turistas.

   — _____

   a. Es posible que salgan todos.
   b. Espero que hayan llegado todos.
   c. Dudo que vayan a venir.

7. —Ya no fumas, ¿verdad?

   — _____

   a. Sí, voy a dejar de fumar.
   b. Sí, y nunca voy a volver a fumar.
   c. Sí, acabo de fumar.

8. —Ellos no tienen pan para la cena.
   —¿Por qué?

   — _____

   a. Se les quemaron.
   b. Se les quemó.
   c. Se los quemó.

9. —¡Qué horror! Un carro mató a un señor.
   —¿Cómo?

   — _____

   a. Estaba cruzando la calle.
   b. Estaba subiendo las escaleras.
   c. Estaba esperando el ascensor.

10. —¡Niños! Tienen que hacer la tarea.
    —Pero no queremos hacerla.

    — _____

    a. Háganla.
    b. La hacen.
    c. Sí, la hacían.

11. —¿Ya regresaron Juan Carlos y Antonio?

— _____

    a. No, no han acabado el tour.
    b. No, acaban el tour.
    c. No, acababan el tour.

12. —¿Puede decirme cómo llegar a la farmacia?

— _____

    a. Sí, vaya a la esquina y doble a la derecha.
    b. Sí, cruce la selva y pase por el mar.
    c. Sí, corte el jamón y añada el queso.

Actividad I: Cloze Paragraph. Complete the following ad for a travel agency by writing the appropriate words.

Todo el mundo _____ querido siempre conocer lugares nuevos y

exóticos. No sea _____ diferente. ¿Ha _____ Ud.

alguna vez al Caribe o a Suramérica? ¿Desea ver una cultura nueva _____

interesante? La _____ de viajes Trotamundos tiene excursiones a toda

Hispanoamérica. Vea Ud. ciudades coloniales y _____ , compre esmeraldas en

_____ , perlas en Venezuela y plata _____ México.

_____ Ud. nuestras oficinas en la Calle Florida y le vamos a enseñar una

variedad de _____ con muy buenos itinerarios y con

_____ turístico y además a un _____ muy bajo.

Quédese en hoteles _____ buenos como el Holiday Inn o mejores

_____ Ud. quiere. Si Ud. no ha _____ recientemente,

vuelva a viajar pronto. Use _____ servicios, ya que somos expertos en

organizar viajes. No se _____ olvide pasar por nuestras

_____ de la Calle Florida.

Actividad J: Cloze Paragraph. By writing the appropriate words, complete the following message left on an answering machine.

Hola, Olga. Habla Lucía. _____ tratado de hablar contigo desde ayer.

¿Por qué no me has _____ ? Espero que no _____

tenido ningún problema. A lo mejor estás tan ocupada _____ yo y se

_____ olvidó llamarme. ¿Cómo está Jorge? No _____

les olvide venir esta noche a conocer mi apartamento nuevo. Te doy las direcciones

_____ llegar. No tomen ni el autobús amarillo _____

el azul; _____ el rojo y bájense en la Avenida 25. Sigan dos

_____ pasando por el museo y luego _____ a la

izquierda. Mi casa es la tercera _____ la derecha. Ojalá

_____ no se pierdan. Los veo _____ noche. Chau.

CAPÍTULO 14

Actividad A: Places of Interest. Complete each of the following sentences by writing the appropriate word.

1. Quiero ver los gorilas y los hipopótamos. Vamos esta tarde al _____.

2. ¡SSSHHHHHH! Aquí no se puede hablar. Los hombres religiosos en este _____ no pueden hablar nunca porque tomaron un voto de silencio.

3. Mi abuela se murió hace un año, por eso, hoy vamos todos al _____ para poner flores en la tumba.

4. Estas _____ en México me parecen tan impresionantes como las que vi en Egipto el año pasado.

5. España tiene una larga historia de diferentes culturas y religiones. Por eso, hay muchas antiguas casas religiosas: _____ islámicas, _____ judías y _____ católicas.

6. —¿Qué le pasó a Jorgito?
   —Fue un accidente terrible. Se cayó al agua en el _____ y un calamar gigante lo atrapó.

7. Los diplomáticos extranjeros en esta ciudad trabajan en la _____.

8. Necesito una visa para estudiar en Chile. Tengo que ir al _____.

9. La monarquía española no vive en un _____. Vive en una casa elegante, pero normal.

10. Los romanos dominaron en España por muchos años, pero ya sólo existen las _____ de su arquitectura: puentes para cruzar ríos, _____ para ver obras de teatro y _____ para transportar agua.

11. Ya tengo entradas para ir a Six Flags. Es el _____ más grande del área.

Actividad B: Money. Complete each of the following sentences by writing a money-related word.

1. Para recibir el dinero, Ud. tiene que pasar por la _____.

2. ¿Quieres los _____ de Visa, Barclays o American Express?

3. ¿Tiene Ud. cheques de viajero o dinero en _____?

4. El _____ está a 120 pesos el dólar.

5. La _____ de México es el peso.

6. Quiero 100 dólares, 5 _____ de 20 dólares.

7. Necesito dinero; lo tengo que _____ del banco antes de las 2:00.

8. Sólo tengo dos _____, MasterCard y Visa.

9. Antes de dar el cheque al cajero, lo tienes que _____.

10. El _____ está a 1 dólar por 120 pesos.

Actividad C: Animals. Write the animal that you would associate with each of the following characters.

1. Babar _____

2. Jaws, Charlie el Bonito _____

3. Ferdinand _____

4. Elsie _____

5. Garfield _____

6. Tweetie _____

7. Cheetah, Curious George _____

8. Yogi, Boo Boo _____

9. Mr. Ed, Black Beauty, Seabiscuit _____

10. Rin Tin Tin, Lassie _____

11. Leo _____

12. Félix _____

13. Adán y Eva _____

14. Foghorn Leghorn _____

Actividad D: Informal Commands. Rewrite each of the following sentences as informal commands.

1. No debes tocarlo. _____

2. Tienes que acostarte ahora. _____

3. Tienes que hacer la cama antes de salir. _____

4. No debes comerlo. _____

5. Quiero que te sientes. _____

6. No debes empezarlo ahora. _____

7. Quiero que salgas de aquí. _____

8. Debes escribírselo. _____

9. No debes mandárselo. _____

10. Debes venir mañana. _____

11. No puedes venir a mi apartamento. _____

12. Quiero que se lo vendas. _____

13. No debes hacer eso. _____

14. Quiero que los pongas en el armario. _____

15. No debes ir a clase hoy. _____

16. Tienes que ir a la tienda. _____

17. Quiero que me lo compres. _____

18. Tienes que ser bueno. _____

19. Debes decir la verdad. _____

20. No debes decírselo nunca. _____

21. Debes tener cuidado. _____

22. Debes dejar de molestar a la gente. _____

23. Debes levantarte. _____

Actividad E: Indirect Commands. Complete each of the following sentences by writing the appropriate subjunctive or indicative form of the indicated verb.

1. Te digo que _____. (salir)

2. Te estoy diciendo que _____ frío y debes ponerte una chaqueta. (hacer)

3. Les digo que _____ a la policía ahora mismo. (llamar)

4. Le digo a Ud. que _____ cuidado con ese señor. (tener)

5. Le digo que el examen _____ el viernes que viene y no el jueves. (ser)

6. Te digo que _____ tener más tiempo libre. (necesitar)

7. Les digo que mañana _____ a ser un día fabuloso. (ir)

8. Te digo que me _____ mañana. (llamar)

9. Me dicen que ella _____ mañana en el tren de las 5:00. (venir)

Actividad F: Nominalization. Rewrite each of the following sentences using nominalization to substitute the boldface words.

1. Me gustan tus pantalones negros y **tus pantalones azules.**

   _____

2. Necesito un diccionario español y **un diccionario francés.**

   _____

3. ¿Vas a comprar la falda verde y **la falda rosada?**

   _____

4. El carro que quería comprar y **el carro que compré** eran muy diferentes.

   _____

5. Tenemos un bolígrafo rojo y **un bolígrafo negro.**

   _____

6. Terminé la novela de aventuras y también **la novela de Isabel Allende.**

   _____

7. Me gustan los discos compactos de salsa y **los discos compactos de jazz.**

   _____

Actividad G: Long Forms of Possessive Pronouns. Complete each of the following sentences using long form possessive pronouns.

1. —Mi hijo es guapo.

   —_____ _____ es guapo también.

2. —Tu novio es muy guapo.

   —Gracias. Y _____ _____ no está nada mal.

3. —Mis secretarios son muy buenos. ¿Cómo son los secretarios de Uds.?

   —_____ _____ son fantásticos.

4. —¿Has visto el perro del Sr. Camacho?

   —Allí hay cinco perros. ¿Está allí _____ _____?

5. —El carro de Fernando es muy rápido.

   —_____ _____ no es rápido; siempre tengo problemas en las carreteras.

6. —Mi computadora me costó 2.000 dólares. ¿Y la tuya?

   —_____ _____ me costó mucho menos.

7. —¿Tienes mi sombrero?

   —Tengo dos. ¿Cuál es _____ _____?

8. —¿Tienes el suéter de Carla?

   —No sé. ¿Cómo es _____ _____?

9. —¿Cómo es el restaurante de Uds.?

   —_____ _____ es excelente.

Actividad H: Mini-conversations. Read each of the following and choose the letter of the logical response.

1. —Anteayer fuimos al zoológico.
   —¿Y qué vieron?

   —_____

   a. Un acuario y una embajada.
   b. Osos y billetes.
   c. Pájaros tropicales y monos.

2. —Mamá, mamá, no quiero comer verduras.
   No me gusta la sopa.

   —_____

   a. ¡Niño! Basta de tonterías.
   b. ¡Niño ni loco!
   c. ¡Niño! Le tengo fobia a la comida.

3. —¿Qué necesitas?
   —Tengo que cambiar dinero.

   —_____

   a. Pues, pasa por la caja.
   b. Pues, sube la torre.
   c. Pues, pásalo bien.

4. —¿Vamos a subir la pirámide?

   —_____

   a. Sí, les tengo fobia a las alturas.
   b. Sí, después de ver las ruinas del templo.
   c. Sí, tenemos que pasar por la agencia.

5. —Ya fui al banco.
   —¿Y tienes tus cheques de viajero?

   —_____

   a. Sí, tengo los vuestros.
   b. Sí, tengo los suyos.
   c. Sí, tengo los míos.

6. —¿Por qué llora Juanita?
   —No quiere ir al médico.

   —_____

   a. Te digo que la has llevado.
   b. Te digo que la lleves.
   c. Te digo que la llevas.

7. —¿Vienes de la agencia de viajes?
   —Sí, pasé por la agencia.
   —¿Y los billetes? ¿Tienes el mío también?

   —_____

   a. Sí, tengo los nuestros.
   b. Sí, tengo el nuestro.
   c. Sí, tengo los suyos.

8. —Ese chico siempre me habla cuando me
   ve y no me gusta nada.
   —¿Y qué te dice?

   —_____

   a. Me dice que salgo con él.
   b. Me dice que salga con él.
   c. Me dice que estoy saliendo con él.

9. —Quiero nadar, pero el agua está muy fría.

   —_____

   a. Pues entonces, no nades.
   b. Pues entonces, no nadas.
   c. Pues entonces, no nadabas.

10. —Este plato está muy caliente. ¿Qué hago?

    —_____

    a. No lo pones aquí.
    b. Lo ponías aquí.
    c. Ponlo aquí.

11. —¿Qué le vas a regalar a tu padre para su
    cumpleaños?
    —No sé. Él quiere una corbata.

    —_____

    a. Entonces, le regalé una.
    b. Entonces, regálale una.
    c. Entonces, le regalan una.

12. —¡Espérame!
    —No, no te voy a esperar más.

    — _____

    a. No, ni loco.
    b. Ya voy.
    c. ¡Qué cursi!

13. —¿Estás preocupado?
    —Sí, el guía no ha trabajado bien y no sé
    que hacer.

    — _____

    a. No lo pagas.
    b. No le pagué.
    c. No le pagues.

Actividad I: Cloze Conversation. Complete the following dialogue by writing the appropriate words.

—Felipe, _____ de mirar la televisión y ven aquí.

—_____ voy.

—¡Te estoy diciendo que _____ aquí!

—De _____ . . . ¿Qué quieres?

—_____ tenemos que decidir qué vamos a hacer durante _____
vacaciones en México. ¿Cuál prefieres, un viaje a Teotihuacán _____ a
Chichén Itzá?

—Pues, _____ un lado, hay que pensar en el precio.

—Desde el D.F., una excursión a Chichén Itzá es más cara que _____ a
Teotihuacán.

—Y por otro lado, ¿qué _____ de interés tienen?

—En Teotihuacán, hay templos, palacios y pirámides. Las pirámides del Sol y de la Luna casi son tan
grandes como _____ de Egipto.

—¿Y en Chichén Itzá?

—Aquí tengo la información. Léela y _____ qué piensas.

—¡Qué horror! _____ esta foto. Hay una serpiente enorme y un sacrificio
humano. No voy a estos lugares, _____ loco.

—Por favor, ¡basta _____ tonterías! No _____ irracional.
Estas figuras son de piedra; no _____ reales.

Actividad J: Cloze Paragraph. Complete the following portion of a letter by writing the
appropriate words.

Saludos desde Santo Domingo. Llegamos aquí _____ dos días y lo estamos
pasando bien y mal. Por un _____ Pablo, uno de los chicos de nuestro
_____ , se ha enfermado un poco. El _____ le dio unas
medicinas, pero él les _____ fobia a las pastillas. Yo le digo que se las
_____ si quiere salir y divertirse. Por _____ lado lo estamos
pasando muy _____ . Todas las mañanas _____ en un pequeño
restaurante que _____ cerca del hotel y que tiene jugos deliciosos de mango y
papaya (los de _____ tropicales son los mejores). Tenemos suerte porque
_____ hotel es muy bueno. _____ de unos chicos de California
no siempre tiene _____ caliente. Bueno, tengo que ir ahora a
_____ unos cheques de viajero. A mi amiga se le _____
los suyos. ¡Pobre! Vamos a regresar la semana que _____ . Hasta entonces.

CAPÍTULO 15

Actividad A: The Environment. Write the environment-related word that you would associate with each of the following descriptions.

1. El aire de Los Ángeles está lleno de esto. _____

2. Hacen carros en una de éstas. _____

3. Afecta los lagos en el norte de los Estados Unidos y Canadá. _____

4. Es una forma de energía barata y limpia. _____

5. Cuando usamos los periódicos viejos para fabricar papel nuevo, hacemos esto. _____

6. Una vez por semana sacamos esto a la calle y viene un camión para recogerlo. _____

7. Homero Simpson trabaja en un centro que produce energía _____ , como Chernobyl y Three Mile Island.

8. Cuando todos los animales de una especie mueren ocurre esto. _____

9. Tenemos que _____ energía porque si no lo hacemos, vamos a destruir el planeta.

Actividad B: Adjectives. Complete each of the following sentences by choosing a logical adjective and writing its appropriate form.

1. Es una señora muy _____, siempre está gritando. (agresivo, amable)

2. Unos chicos me estaban pegando y mi hermano no hizo nada. Es muy

   _____. (sensible, cobarde)

3. Mis padres no hacen nada. Beben Pepsi y miran las telenovelas. Son

   _____. (orgulloso, perezoso)

4. Hernando y su hermana creían que la capital de Nueva York era Nueva York; de verdad son

   _____. (ignorante, honrado)

5. Laura es muy _____, el otro día se dio cuenta de que la señora del banco

   le había dado 10 dólares de más y se los devolvió. (honrado, valiente)

6. Es Ud. muy _____, gracias. (amable, perezoso)

7. Es un hombre muy _____; va ser presidente de la compañía muy pronto.

   (amable, ambicioso)

8. Mi hermano dio un concierto de piano el otro día. De verdad no lo hizo muy bien, pero mis

   padres estaban muy _____. (perezoso, orgulloso)

9. Ellos son muy _____, por eso no van a hacer nada sin hablar con un

   médico primero. (sensato, sensible)

10. Mientras el carro se quemaba, la policía subió al carro y sacó al niño. Era una mujer muy

    _____. (encantador, valiente)

11. El niño me ayudó cuando se me rompió la maleta en la calle. Fue muy

    _____. (honrado, amable)

12. Mi hermano siempre compra la ropa de última moda. Quiere que la gente lo mire. De verdad, es

    muy _____. (creído, orgulloso)

13. —El nuevo esposo de mi prima come con la boca abierta, cuenta chistes horribles, es perezoso

    y nunca hace nada en la casa.

    —Ese hombre es _____. (amable, insoportable)

14. Mi padre es _____. Mi madre le explica su opinión, pero a él no le

    importa. (sumiso, testarudo)

15. Al ver las notas bajas de su hijo, los padres decidieron no dejarlo jugar al fútbol hasta el verano.

    Esta decisión me parece muy _____. (justo, indiferente)

Actividad C: Subjunctive in Adverbial Clauses. Complete each of the following sentences by writing the appropriate subjunctive or indicative form of the verb.

1. Cuando _____ al trabajo, la primera cosa que hago es preparar el café. (llegar)

2. Cuando _____ , vas a escribir, ¿no? (poder)

3. Anoche cuando _____ al cine, vi a María. (ir)

4. Cuando _____ 50 años quiero ser rica y famosa. (tener)

5. Cuando mi padre _____ de trabajar, dice que quiere pasar tres meses en Arizona todos los inviernos. (dejar)

6. Después de que _____ los resultados del examen, voy a hablar con la profesora porque tuve problemas en el examen. (salir)

7. Cuando _____ a mis padres la semana pasada, ellos me dieron un carro usado. (visitar)

8. Vamos a ir a la tienda después de que _____ este programa en la televisión. (terminar)

9. Puedo usar el carro esta tarde después de que _____ a mi padre a la oficina. (llevar)

10. ¿Van a ir Uds. al cine mañana después de que Carmen _____ de trabajar? (terminar)

11. Laura va a estudiar hasta que lo _____ todo. (entender)

12. Después de que ellos _____ el partido, tuvimos una fiesta para todo el equipo. (ganar)

13. Vamos a jugar hasta que un equipo _____ . No es posible terminar un partido 3 a 3; un equipo tiene que ganar. (ganar)

14. Anoche esperamos a Víctor en el aeropuerto hasta que nos _____ que no había más vuelos de Caracas. Es posible que haya tenido problemas. (decir)

15. Cuando _____ el señor Guzmán, dígale que me espere. (llegar)

16. Sé que Paula no quiere hablar con Ramón, pero él va a llamar a Paula hasta que ella le _____ . (hablar)

17. El niño empezó a gritar a las cinco y no dejó de llorar hasta que lo _____ su madre a las ocho. (levantar)

18. El niño va a llorar hasta que _____ lo que quiere. (recibir)

Actividad D: Suggesting and Inviting: Let's . . . Answer each of the following questions by suggesting or inviting someone to do something. Use **nosotros** commands.

1. ¿Nos levantamos? _____

2. ¿Vamos a nadar? _____

3. ¿Vamos a sentarnos aquí? _____

4. ¿Quieres estudiar conmigo ahora? _____

5. ¿Quieres escribirlo conmigo? _____

6. ¿Quieres volver conmigo? _____

7. ¿Lo comemos? _____

8. ¿Vamos a esquiar? _____

9. ¿Lo hacemos? _____

10. ¿Las visitamos? _____

11. ¿Lo empezamos? _____

12. ¿Nos acostamos? _____

Actividad E: *Qué* or *cuál.* Complete each of the following questions by writing **qué** or **cuál.**

1. ¿_____ es la fecha?
2. ¿_____ hora es?
3. ¿_____ son tus lugares favoritos en esta ciudad?
4. ¿_____ de tus hermanos está trabajando en Chile?
5. ¿_____ pasa?
6. ¿_____ de los carros prefieres?
7. ¿_____ es geología?
8. ¿_____ representa FNPL?
9. ¿_____ de los chicos te gusta?
10. ¿_____ es eso?
11. ¿_____ está haciendo?
12. ¿_____ de tus clases es la más difícil?
13. ¿_____ es tu clase favorita?
14. ¿_____ tienes en la maleta?
15. ¿_____ recibiste para tu cumpleaños?
16. ¿_____ es el mejor equipo de fútbol americano?
17. ¿_____ es Ud., conservador o liberal?
18. ¿En _____ ciudad prefieres vivir?
19. ¿_____ es la ciudad más grande del mundo?
20. ¿_____ significa **agujero** en inglés?
21. ¿_____ es Fernando, católico o protestante?
22. ¿_____ son los mejores restaurantes?
23. ¿_____ vino quieres?
24. ¿_____ cerveza tomas?
25. ¿_____ es tu padre, guatemalteco u hondureño?
26. ¿_____ es la clase más fácil de la universidad?
27. ¿En _____ parte de España está la Costa del Sol?

Actividad F: Pluperfect. Complete each of the following sentences by writing the appropriate pluperfect form of the indicated verb.

1. Nosotros ya _____ _____ cuando la policía llamó. (llegar)

2. Yo ya _____ _____ antes de ir a la biblioteca anoche. (comer)

3. ¿Uds. ya _____ _____ los billetes antes de ir a cenar? (comprar)

4. Miguel Littín _____ _____ en Chile ilegalmente antes de volver para votar. (estar)

5. Fui a España el verano pasado, pero _____ _____ allí dos veces antes. (estar)

6. Ellos ya _____ _____ antes de salir anoche. (estudiar)

7. Tomás hizo un viaje a Perú en abril, pero antes _____ _____ Ecuador. (visitar)

8. Carlos vino a las diez, pero antes _____ _____ a la casa de Teresa para hablar con ella. (ir)

9. Mi novio ya _____ _____ cuando lo llamé. (salir)

Actividad G: *Por* Expressions. Complete each of the following sentences by writing the appropriate **por** expression.

1. A Alicia le gusta la música de Maná, _____ compró una entrada para el concierto. (por casualidad, por eso)

2. Hace sol, pero no sé si más tarde va a hacer frío. _____ voy a llevar un suéter. (por si acaso, por suerte)

3. ¡Ojo! Ese carro al lado de nosotros va a más de 80 millas _____ . (por supuesto, por hora)

4. Va a costar _____ 500.000 dólares limpiar la contaminación de ese río. (por eso, por lo menos)

5. ¿_____ , saben Uds. cuál es la tarea para el miércoles? (por casualidad, por hora)

6. —¿Piensas dejar de fumar?

   —_____ . Sé que es malo para la salud. (por supuesto, por casualidad)

7. _____ , el tren no había salido cuando llegamos a la estación y pudimos subir. (por eso, por suerte)

Actividad H: Relative Pronouns. Complete each of the following sentences by writing **que, quien, quienes,** or **lo que.**

1. Eso es muy importante, pero _____ me dijiste ayer es más urgente.

2. El señor _____ lleva sombrero es mi padre.

3. El Sr. Gómez, de _____ te hablé, está aquí.

4. La mujer _____ acaba de llegar es mi hermana.

5. _____ dijo Gloria me interesa mucho.

6. La vicuña es un animal _____ vive en los Andes.

7. Madrid es una ciudad _____ es muy divertida.

8. ¿Cómo se llama el hombre con _____ estuviste en el parque ayer?

9. Puerto Rico es una isla _____ está en el Caribe.

10. _____ me dijiste no es verdad.

11. _____ nos interesa es el dinero.

12. Alberto es un estudiante _____ trabaja muchísimo.

13. La señora _____ estuvo aquí quería hablar contigo.

14. Los Sres. Uribe, con _____ estuviste la semana pasada, te llamaron hoy.

Actividad I: Mini-conversations. Read each of the following conversations and choose the letter of the logical response.

1. —Creo que debemos conservar el ambiente.
   —Claro. ¿Y qué podemos hacer?

   —_____

   a. Conservar la lluvia ácida.
   b. Reciclar la basura.
   c. Destruir la energía solar.

2. —Siempre lloro cuando veo películas tristes.
   —¿Por qué?

   —_____

   a. Es que soy muy sensible.
   b. Es que soy muy amable.
   c. Es que soy muy sensato.

3. —Me encanta Teresa.
   —De veras es una chica simpática.

   —_____

   a. Nos llevamos muy mal.
   b. Ellos lo pasan muy bien.
   c. Me cae la mar de bien.

4. —¿Vas mañana a la fiesta?
   —Sí, pero no quiero ir sola.

   —_____

   a. Lo que quiere es venir.
   b. ¿Con quién quieres ir?
   c. ¿Qué quiere decir?

5. —Llegué un poco tarde a la clase.
   —¿Y ya estaban todos cuando tú llegaste?

   —_____

   a. Sí, ya habían llegado.
   b. Sí, ya llegaron.
   c. Sí, ya han llegado.

6. —¿Y vas a invitar a Alberto?

   —_____

   a. ¡Claro que sí! Por eso.
   b. ¡Claro que sí! Por suerte.
   c. ¡Claro que sí! Por supuesto.

7. —Te gustan mucho los animales, ¿no?
   —Sí, me encantan.

   —_____

   a. Entonces, ¿qué es un animal favorito?
   b. Entonces, ¿cuál es tu animal favorito?
   c. Entonces, ¿cuántos de los animales son favoritos?

8. —¡Pobre Manuel! No se siente bien.
   —Pero él toma medicinas a menudo, ¿no?

   —_____

   a. Cuando tenga dolor de cabeza.
   b. Cuando tiene dolor de cabeza.
   c. Cuando tuvo dolor de cabeza.

9. —¡Uy! Ya es tarde; quisiéramos cerrar la tienda.
   —¿Hasta cuándo van a esperar?

   —_____

   a. Hasta que salgan todos los clientes.
   b. Hasta que han salido todos los clientes.
   c. Hasta que salen todos los clientes.

10. —Estoy muy cansado.
    —¿Cuándo te vas a acostar?

    —_____

    a. Cuando termino.
    b. Cuando terminé.
    c. Cuando termine.

11. —¿Qué tienes en la mano?
    —Una pelota de béisbol.

    —_____

    a. ¡Ah! Jugamos un poco.
    b. ¡Ah! Estamos jugando un poco.
    c. ¡Ah! Juguemos un poco.

12. —Él no lo sabe todavía.
    —¿Van a decírselo?

    —_____

    a. Sí, digámoselo.
    b. Sí, se lo decíamos.
    c. Sí, se lo hemos dicho.

13. —Quisiera conocer la ciudad.
    —Pues ahora tenemos tiempo libre.

    —_____

    a. Entonces, llevémonos bien.
    b. Entonces, saquémoslo de un apuro.
    c. Entonces, demos una vuelta.

14. —¿Por qué llora Carlitos?
    —Porque al sentarse se cayó.

    —_____

    a. ¡Ah! Antes de sentarse se cayó.
    b. ¡Ah! Cuando se sentaba, se cayó.
    c. ¡Ah! Después de sentarse, se cayó.

15. —¿Te gustan los conjuntos Mecano y Las
        viudas del rock-and-roll?
    —Por supuesto.

    —_____

    a. Sí, pero, ¿cuál es mejor?
    b. Sí, pero, ¿qué es mejor?
    c. Sí, pero, ¿para quién es mejor?

16. —No hay nadie en la playa.
    —Claro, hace mucho frío.

    —_____

    a. Es para nadar bien.
    b. Por eso no nadamos.
    c. Nadamos por si acaso.

Actividad J: Cloze Paragraph. Complete the following plea from an ecologist written to a newspaper by writing the appropriate words.

Conservemos _____ ambiente. Al terminar el siglo es

_____ que todos hagamos algo _____ proteger el

ambiente. Cuando la gente se dio cuenta _____ que había un gran problema, la

lluvia _____ que producen las fábricas ya había dañado el ambiente, ya se

_____ muerto muchos animales y ya se _____ cortado

muchos árboles de _____ selva. ¿Cuál es, entonces, la mejor manera de ayudar

y _____ soluciones hay? _____ que debemos hacer es

usar la energía _____ que no destruye el ambiente, reciclar la

_____ que producimos, y por supuesto no destruir la

_____ con sus animales y sus árboles. No descansemos hasta que el ambiente

_____ limpio otra vez. Por suerte, todavía no es demasiado

_____ . Seamos sensatos; limpiemos el medio _____ .

Actividad K: Cloze Conversation. Complete the following conversation by writing the appropriate words.

—¿Dónde _____ ayer a las dos cuando te llamé?

—Ya _____ salido. Iba a encontrarme con Jaime, otro estudiante, con

_____ tenía que hacer un proyecto _____ _____ la clase de

zoología.

—Y dime, ¿_____ es el tema?

—Una comparación de tres animales _____ lo menos.

_____ suerte, lo que el profesor quiere no es muy

_____ y creo que le caigo bien _____ él. Por eso no

_____ muy preocupado.

—¿Y ya terminaste?

—No, cuando yo llegué Jaime ya _____ salido, y por eso, tengo

_____ trabajar ahora.

—Entonces, ¿no quieres salir conmigo?

—No, voy a estudiar _____ que termine.

—No trabajes tanto. Demos una vuelta _____ el parque y

_____ regresemos, puedes estudiar.

CAPÍTULO 16

Actividad A: Photos and Glasses. Complete each of the following sentences by writing the appropriate word or expression.

1. No llevo anteojos; prefiero llevar _____.

2. Espera un momento, tengo que _____ la cámara para que la foto salga bien.

3. Tengo que ir a ver al _____ porque creo que tengo problemas con los ojos. Últimamente tengo muchos dolores de cabeza.

4. Saqué muchas fotos ayer y tengo que llevarlas a _____ hoy porque quiero enseñárselas a mis padres este fin de semana.

5. —El flash no funciona.

    —Es posible que la _____ esté mala.

6. No hay luz; vas a tener que usar el _____.

7. Por favor, necesito un _____ de 35 milímetros de ASA 400.

8. No llevo lentes de contacto porque me molestan los ojos. Por eso, tengo que llevar

    _____.

9. Necesito comprar un _____ para poner mis fotos.

10. ¿Cuáles te gustan más, las fotos en blanco y negro o en _____?

Actividad B: Employment. Complete each of the following sentences by writing the appropriate word or expression.

1. Cuando buscas un empleo necesitas tres cartas de _____ de personas que te conocen.

2. Antes de aceptar un trabajo, debes leer el _____ bien antes de firmarlo.

3. Una historia personal de trabajo y estudios se llama un _____.

4. Cerraron la fábrica y, por eso, _____ a 135 personas.

5. Cuando quieres un puesto, tienes que hablar cara a cara con alguien de la compañía. Esto es una

   _____.

6. Para solicitar un trabajo, tienes que llenar una _____.

7. Un masters o un doctorado son dos _____ universitarios.

8. Yo trabajo sólo 20 horas por semana; trabajo _____.

9. Félix trabaja 40 horas por semana; trabaja _____.

10. Voy a _____ un puesto en la IBM. Vi un anuncio en el periódico y es perfecto para mí.

11. Gano 3.500 dólares al mes. Pienso que es un buen _____.

12. Recibí un trabajo que me paga un sueldo bastante bueno e incluye el

    _____. Es una cosa muy importante hoy, porque los hospitales no hacen nada más que subir los precios.

13. No me dieron el trabajo porque no tenía _____ trabajando con computadoras.

14. Quiero un _____ en una compañía internacional que pague bien.

15. Hay muchas personas que no tienen trabajo. Creo que el _____ está a 7,8 por ciento.

Actividad C: The Future. Complete each of the following sentences by choosing the logical verb and writing its appropriate future tense form.

1. Uds. _____ muchos hijos. (tener, vender)

2. Yo nunca _____ más espárragos en mi vida, después de comer tantos hoy. (beber, comer)

3. Si ellos le ofrecen un trabajo, ¿Ramón _____ lo que debe pedir de sueldo? (saber, comenzar)

4. ¿Dónde _____ tú el año que viene? (estar, ser)

5. Nosotros _____ a vivir a Buenos Aires después de terminar los estudios. (ir, traer)

6. Si tengo tiempo, _____ a tus padres. (despertar, llamar)

7. Ellos _____ mañana a las cinco. (salir, ser)

8. Hernando _____ ese carro pronto. (correr, vender)

9. Si necesito algo, _____ ayuda. (ser, pedir)

10. Si viene el Sr. Perales, nosotros no _____ ir mañana. (venir, poder)

11. Si compramos la mesa que vimos en la tienda, yo la _____ aquí, cerca de la ventana. (comprar, poner)

12. Si gana el equipo de Barcelona, ¿dónde _____ la semana que viene, en Madrid o en Barcelona? (jugar, ver)

13. Si acepto la oferta de Uds., ¿cuánto dinero me _____? (dar, leer)

14. ¿_____ tus padres aquí para las vacaciones? (venir, jugar)

15. Mis amigos, Ana y Javier, _____ a Perú en abril. (tomar, viajar)

16. ¿_____ Alberto Salazar en el Maratón de Boston este año? (correr, sentarse)

17. Si Carlos me llama, yo le _____ lo que pienso. (escribir, decir)

18. Para la cena, tu jefe _____ aquí y nosotros allí. (sentarse, levantarse)

Actividad D: The Conditional. Complete each of the following dialogues by choosing the logical verb and writing its appropriate conditional form.

1. —Te quiero.

   —No sé qué _____ sin ti. (vivir, hacer)

2. —¿Crees que Juan acepte el trabajo si le ofrecen un buen sueldo?

   —Creo que Juan lo _____ . (aceptar, dar)

3. —¿Cuándo llegan Jorge y Elisa?

   —Nos dijeron que _____ mañana. (llover, venir)

4. —No sé qué hacer; Alicia no me cree.

   —En tu lugar, yo _____ con ella. (hablar, jugar)

5. —¿Dónde trabajará Fernando el año que viene?

   —Con los estudios que tiene, Fernando _____ trabajar en muchas

   compañías. (poner, poder)

6. —¿Compraste los discos compactos?

   —No, me dijo Tomás que él los _____ . (vender, comprar)

7. —¿Qué harías tú, escribirle o llamarlo?

   —Yo le _____ . Es mejor tener una copia escrita de lo que dices. (llamar,

   escribir)

8. —¿Adónde les gustaría ir a tus padres, a Cancún o a Acapulco?

   —_____ Cancún. (preferir, ir)

9. —Hoy es el cumpleaños de María. ¿Qué piensas que sea mejor, una blusa o unos pantalones?

   —Como es invierno, creo que María _____ un suéter bonito. (tener,

   querer)

10. —¿Aceptaste el dinero?

    —No, le dije que nosotros lo _____ . (querer, pensar)

11. —¿Escribiste el curriculum?

    —No, Marisol me dijo que me _____ . (ayudar, hacer)

12. —Tengo la noche libre y no sé qué hacer.

    —En tu lugar, yo _____ al cine. (ir, ver)

13. —Buenos días. ¿El proyecto está en mi escritorio?

    —Todavía no, pero me dijeron que lo _____ hoy. (terminar, tomar)

Actividad E: Expressing Probability. Complete each of the following dialogues with the appropriate future or conditional form of the indicated verb to express probability in the present or the past.

1. —¿Cuántos años _____ Gonzalo cuando estudiaba en los Estados
   Unidos? (tener)

   —No sé exactamente, pero era muy joven.

2. —¡¡PPPPLAFFFFF!!

   —¡Ay! ¿Qué _____ haciendo esos niños? (estar)

3. —Julio Iglesias cantó en el Teatro Real anoche.

   —¿Quién _____ por oír a ese viejo? (pagar)

4. —Carmen no está aquí todavía.

   —_____ tomando el examen. (estar)

5. —¿Cuántos años _____ la madre de Gloria? (tener)

   —Unos 50 años.

6. —Mira el pelo de Ramón. ¡Qué feo!

   —Menos mal que su padre no está para verlo.

   —¿Qué _____? (decir)

7. —Olga fue a una entrevista y no ha vuelto todavía. Debería estar aquí ya.

   —Los jefes _____ ofreciéndole un puesto de trabajo. (estar)

8. —¿Qué hora _____ cuando llegaron anoche? (ser)

   —Más o menos las dos.

9. —¿Dónde está Laura? Espero que no le haya pasado nada.

   —No te preocupes. _____ mucho tráfico en la carretera. (haber)

10. —Víctor y Hugo no estuvieron en clase ayer.

    —_____ esquiando. (estar)

Actividad F: Adverbial Clauses: *ESCAPA*. Complete the following sentences using the infinitive or an appropriate subjunctive form of the indicated verb.

1. Antes de que _____ Jorge, cómprame café en la tienda. (venir)

2. No digas nada a menos que la señora te _____ un contrato. (ofrecer)

3. ¿Vas a llamarme antes de _____? (salir)

4. Voy a preparar una tortilla para que Carlos _____ algo para el viaje. (tener)

5. No necesitamos nada, con tal de que tú nos _____ los billetes. (traer)

6. No íbamos a salir sin _____ adiós. (decir)

7. Para que tú _____, esto es para mí. No lo toques. (saber)

8. Vamos a entrar sin que el niño _____. (despertarse)

9. Antes de _____, voy a llamar a Fernando. (comer)

10. Estaré aquí a menos que ellos me _____ en el hospital. (necesitar)

11. Para _____ lo que estoy leyendo tengo que usar un diccionario. (entender)

12. Voy a hablar con el médico sin que mi esposo lo _____. (saber)

13. Con tal de que el Sr. Miranda _____ mañana, no hay problema. (venir)

14. El avión va de Miami a Buenos Aires sin _____ escala. (hacer)

15. En caso de que _____ algo, estaremos en el Hotel Mirasierra y debes llamar en seguida. (ocurrir)

16. En caso de que _____ algo, sabes que puedes llamarme. (necesitar)

17. No tienes que comprarme nada a menos que _____ algo estupendo. (ver)

18. Llámanos para _____ que todo está bien. (decir)

Actividad G: Mini-conversations. Read each of the following conversations and choose the letter of the logical response.

1. —¡Qué suerte tienes!
   —¿Por qué?
   —Ganaste cien millones de dólares.

   —_____

   a. No me tomes el pelo.
   b. Te sacó de un apuro.
   c. Le tienes fobia.

2. —Ayer vi el diamante más grande del mundo.
   —¿Y te gustó?

   —_____

   a. Pues, me dejó boquiabierto.
   b. Pues, fue pura casualidad.
   c. Pues, te va a salir caro.

3. —Quisiera comprar un rollo.

   —_____

   a. ¿Para qué pila?
   b. ¿Para qué lentes de contacto?
   c. ¿Para qué cámara?

4. —Sacamos muchas fotos durante el viaje.
   —Me gustaría verlas.

   —_____

   a. No las he contratado.
   b. No las he revelado.
   c. No las he despedido.

5. —¿Por qué vas al oculista?

   —_____

   a. Necesito anteojos.
   b. Necesito la diapositiva.
   c. Necesito el sueldo.

6. —¿Qué te gustó más?
   —El final de la película.

   —_____

   a. Sí, fue lo mejor.
   b. Sí, fue el mejor.
   c. Sí, fue la mejor.

7. —No tengo dinero para cenar con mi tío.
   —¿Y si él te invita?

   —_____

   a. Iba con él.
   b. Fue con él.
   c. Iré con él.

8. —¿Conoces al esposo de Marcela?
   —Sí, y es mucho mayor que ella.

   —_____

   a. ¿Cuántos años tenía?
   b. ¿Cuántos años tendrá?
   c. ¿Cuántos años tendría?

9. —Ese profesor nos enseña muy bien, ¿no?

   —_____

   a. Sí, para que aprendamos.
   b. Sí, hasta que aprendimos.
   c. Sí, cuando aprendamos.

10. —Estoy feliz; ya tengo un empleo.
    —¿Ya empezaste a trabajar?

    —_____

    a. No, todavía no he llenado la solicitud.
    b. No, todavía no he firmado el contrato.
    c. No, todavía no he recibido el sueldo.

11. —¿Sabes que ellos ya no viven juntos y
    que él tiene otra novia?

    —_____

    a. Le tomas el pelo, ¿no?
    b. Resultó ser amable, ¿no?
    c. Te gustan los chismes, ¿no?

12. —Me llamó Roberto de Madrid.
    —¿Qué dijo?

    —_____

    a. Que él venga hoy.
    b. Que vengo hoy.
    c. Que vendría hoy.

13. —Hoy en día la conservación del medio
   ambiente es muy importante.
   —Estoy de acuerdo.

   —_____

   a.   Sí, es lo más importante.
   b.   Sí, es la más importante.
   c.   Sí, es el más importante.

14. —¿Te vas a casar en junio?
   —Sí, y mis padres van a ir a Buenos Aires
   ahora.

   —_____

   a.   ¿Cómo? ¿Antes de que se casen ellos?
   b.   ¿Cómo? ¿Antes de casarlo?
   c.   ¿Cómo? ¿Antes de que te cases?

15. —Era tarde cuando volvieron.
   —¿Qué hora era?

   —_____

   a.   Sean las ocho.
   b.   Serían las ocho.
   c.   Serán las ocho.

16. —Jorge quiere que lo llames.
   —¿Cuándo?

   —_____

   a.   Cuando estás llegando a casa.
   b.   Cuando llegues a casa.
   c.   Cuando llegas a casa.

17. —Me encantó el final de esta película.
   —¿Qué pasa al final?
   —Se va el criminal _____

   a.   sin que el policía lo vea.
   b.   sin verlo el policía.
   c.   sin ver el policía.

18. —Hoy tengo el día libre.
   —¿Libre? ¿Por qué no estás en la oficina?

   —_____

   a.   Ayer me despidieron.
   b.   Ayer me solicitaron.
   c.   Ayer me lo completaron.

19. —¿Cómo crees que debemos avisarle a
   Juanita?
   —Pues, mándenle un e-mail.

   —_____

   a.   Bueno, se lo hemos mandado.
   b.   Bueno, se lo mandaríamos.
   c.   Bueno, se lo mandaremos.

Actividad H: Cloze Paragraph. Complete the following ad from a help-wanted section of the newspaper by writing the appropriate words.

Se necesita empleado que sepa algo de música para _____ ayude a los clientes en la tienda Musicolandia. Es preferible que _____ experiencia y título universitario en música. El candidato deberá completar una _____ y presentar su curriculum y dos cartas de _____ . Lo más importante es que _____ responsable y que pueda _____ sin supervisión. Los candidatos _____ que venir a una entrevista con el jefe, cualquier día por la mañana antes de _____ se abra la tienda. _____ mejor es que lleguen antes de _____ ocho. También sería posible hacer las _____ durante el día. Solicite Ud. el puesto inmediatamente. ¿_____ este puesto la gran oportunidad de su vida?

Actividad I: Cloze Monologue. Complete the following fed-up mother's monologue by writing the appropriate words.

¡Mena! ¡Mario! Hijos, ¿dónde estarán? Estos hijos míos son _____ problema. Fui a casa de unos amigos y ahora regreso y no _____ encuentro. Y la casa, ¡qué desastre! Les dije que podían _____ al cine, pero también les _____ que antes de que _____ deberían limpiar sus habitaciones. Hay comida _____ todas partes, _____ con Coca-Cola y platos de papel. ¿Harían una _____? ¿_____ pasaría aquí? Generalmente, ellos no invitan a sus amigos a _____ que yo lo sepa. Pero creo que debo comprender que ya no _____ niños; son adolescentes que quieren _____ independientes. Sin embargo, ya es la medianoche y no están en casa. ¿Irían al cine? ¿Cuándo volverán? ¿Pensarán que yo voy a _____ la casa? Pues no. Cuando _____ , van a limpiarla ellos.

CAPÍTULO 17

Actividad A: Art. Write the appropriate art-related word.

1. No es original. _____

2. *Las Meninas* de Velázquez es un cuadro famoso en todo el mundo. Velázquez pintó muchos cuadros, pero *Las Meninas* es su _____.

3. En clase muchos estudiantes hacen esto con lápiz y papel cuando la clase es aburrida.

   _____

4. Salvador Dalí fue un _____ surrealista español que murió en el año 1989.

5. En el cuadro *Antes de jugar* de Claudio Bravo hay un grupo de jugadores de fútbol que están vistiéndose. Es una _____ con mucha acción que parece muy realista.

6. Son cuadros que no tienen personas ni paisajes. Normalmente son de frutas y otros objetos.

   _____

7. *La Venus de Milo* es una _____ muy famosa.

8. No es una copia, es _____.

9. Pablo Picasso fue pintor y _____. Hay una escultura de Picasso en Chicago.

10. Es un cuadro de una persona. _____

Actividad B: Love. Complete each of the following sentences by writing the appropriate word.

1. En una boda, las dos personas que se casan se llaman los _____.

2. En mi telenovela favorita, Carlos y María están casados, pero María también sale con Fernando. Fernando es su _____.

3. En mi telenovela favorita, Carlos y María están casados, pero María también sale con Fernando. Fernando y María tienen una _____ _____.

4. Juan y Gloria se van a casar. Están _____.

5. Es el órgano más importante del cuerpo humano. También es el símbolo del día de los enamorados. Es el _____.

6. En mi telenovela favorita, cuando Carlos supo de la aventura amorosa de su esposa, ellos _____ _____. Ahora ella puede casarse con su amante, Fernando.

7. Mi esposa es muy _____. No puedo ni mirar a otra mujer.

8. Carmen y Félix son la _____ perfecta. ¡Están tan contentos!

9. Laura ama a Ricardo, pero Ricardo la _____. No la puede ni ver.

10. No sé por qué se van a casar; no dejan de _____ todo el día. Cuando empiezan a gritar se puede oír todo en la calle.

11. No se divorciaron, pero tampoco viven juntos. Ellos _____ _____.

12. Juan está _____ porque Marta, su ex novia, está bailando con otro.

13. Mi padre se murió y ninguno de mis hermanos está en casa, por eso visito a mi madre todos los días. No le gusta la _____.

14. Mi padre conoció a mi madre en una estación de autobuses; dijo que _____ _____ de ella allí mismo y sabía que un día iba a casarse con ella.

Actividad C: *Preguntar* vs. *Pedir.* Complete each of the following sentences by writing the appropriate form of **pedir** or **preguntar.**

1. Le voy a _____ dónde está el banco.

2. Él me _____ si quería casarme con él.

3. Ellos me _____ que trajera a los niños.

4. Te _____ que me ayudes.

5. Ella me _____ si sabía tu número de teléfono.

6. Ella me _____ tu número de teléfono.

7. Perdón, yo le _____ una chuleta de cordero, no de ternera.

8. Les voy a _____ cuánto dinero tienen.

9. Después del accidente, ellos me _____ ayuda.

10. Ellos siempre me _____ ayuda, y como un idiota siempre hago lo que puedo.

11. Te tengo que _____ cuántos años tienes.

12. Ellos me _____ si quería ir al cine.

13. —¡Camarero!

    —Sí, ¿qué van a _____?

14. Uds. _____ una tortilla, ¿no?

15. Mi novio me _____ cuándo íbamos a volver.

16. Carlos _____ mucho en clase. Siempre quiere saberlo todo.

17. Les voy a _____ dinero a mis padres.

Actividad D: The Imperfect Subjunctive. Complete each of the following sentences by writing the appropriate present, present perfect, or imperfect subjunctive form of the indicated verb.

1. Diana dudaba que a Álvaro le _____ el arte. (gustar)

2. Busco una persona que _____ hablar italiano. (saber)

3. Le dije que _____. (ir)

4. Es posible que Gonzalo _____ _____ ya. (llegar)

5. Nos aconsejó que _____ en esta universidad. (estudiar)

6. Era necesario que mi padre _____ la oferta de trabajo en Cali. (aceptar)

7. Es importante que tú me _____. (entender)

8. Buscaba una persona que _____ experiencia con computadoras. (tener)

9. Es necesario que el Sr. Escobar me _____ pronto. (llamar)

10. Los niños no creían que Papá Noel _____, pero no nos dijeron nada. (existir)

11. Mi madre quería que Pinochet _____ las elecciones. (perder)

12. Necesitas un marido que _____ viajar mucho. (querer)

13. Queremos que ellos _____ _____. (casarse)

14. Ellos salieron de la ciudad sin que nadie los _____. (ver)

15. Ellos me pidieron que les _____ un helado. (comprar)

16. Es probable que Fernando y Victoria ya _____ _____ _____ de vacaciones. (irse)

17. Era mejor que ellos _____ _____ porque peleaban como perros y gatos. (divorciarse)

18. ¿Crees que Pablo _____ razón? (tener)

19. Te aconsejé que no _____ con ese chico. (salir)

Actividad E: Reciprocal *se.* Rewrite each of the following sentences using the reciprocal **se** and **nos.**

1. Él la besa y ella lo besa.

   _____

2. Yo lo miro y él me mira.

   _____

3. Ella lo odia y él la odia.

   _____

4. Yo la abrazo y ella me abraza.

   _____

5. Ella lo amaba y él la amaba.

   _____

6. Él le escribía y ella le escribía.

   _____

7. Él la estaba besando y ella lo estaba besando cuando los vieron.

   _____

8. Yo lo quiero y el perro me quiere también.

   _____

Actividad F: Hypothetical Situations. Complete each of the following hypothetical situations with the appropriate present indicative, future, conditional, or imperfect subjunctive form of the indicated verb.

1. Si tuviera más tiempo, yo _____ más. (estudiar)

2. Si fuéramos más inteligentes, no _____ aquí ahora. (estar)

3. Si Juanita _____ enamorada, me casaría con ella ahora mismo. (estar)

4. Si tú _____ encontrar un trabajo en Quito, no tendríamos problemas. (poder)

5. Si yo _____ tiempo, te llamaré. (tener)

6. Si él viene a Managua mañana, te _____. (visitar)

7. Si nosotros _____ una pizza, te invitaremos. (hacer)

8. Si mi marido _____ una aventura amorosa, me divorciaría de él. (tener)

9. Ellos _____ felices si no tuvieran tantos problemas con sus hijos. (ser)

10. Si a ellos les _____ el trabajo, van a vivir en Zamora. (ofrecer)

11. Si ellos _____ español, podrían entender al guía turístico. (saber)

12. Si yo _____ mucho, sacaré una nota buena. (estudiar)

13. Si nosotros _____ un carro nuevo, no estaríamos en este garaje ahora mismo. (tener)

14. _____ más partidos si practicáramos más. (ganar)

15. Si yo escribo la composición mañana, _____ contigo el sábado. (salir)

16. Si yo _____ solo, tendría que pagar mucho más dinero en alquiler. (vivir)

17. Si yo _____ millones de dólares, compraría cuadros de Claudio Bravo. (tener)

18. Si terminamos de trabajar temprano esta noche, _____ en el bar El Coco Loco. (estar)

19. Si nosotros _____ más dinero, podríamos comprar una casa. (ganar)

Actividad G: Mini-conversations. Read each of the following conversations and choose the letter of the logical response.

1. —El presidente va a ir a Rusia.
   —¿Cómo lo sabes?

   _____

   a. Porque ayer dejaron de decir la noticia.
   b. Porque ayer dieron a conocer la noticia.
   c. Porque ayer volvieron a esperar la noticia.

2. —¿Sabes? Compré un carro nuevo.
   —Ah sí, ¿y cuándo te lo dan?

   _____

   a. Mañana, no veo la hora de manejarlo.
   b. Mañana, por pura casualidad.
   c. Mañana no vale la pena.

3. —¿Quieres que vaya de compras contigo?
   —Sí, pero ¿cuándo vas a estar listo?

   _____

   a. De acuerdo.
   b. A lo mejor.
   c. En seguida.

4. —¿Nunca te vas a casar?
   —No sé. Todavía busco una esposa.
   —¿Y las condiciones?

   _____

   a. Que tendrá dinero.
   b. Que tenga dinero.
   c. Que tiene dinero.

5. —¿Qué lees con tanto interés?
   —Un libro de economía. ¿Lo leerías tú?

   _____

   a. Sí, si tenía tiempo.
   b. Sí, si tengo tiempo.
   c. Sí, si tuviera tiempo.

6. —Por favor, dímelo.
   —Es que Carmen me pidió . . .
   —¿Qué te pidió?

   _____

   a. Que no te lo dijera.
   b. Que no te lo ha dicho.
   c. Que no te lo digo.

7. —Me molesta mucho que siempre llegues tarde.
   —Pero no importa tanto.

   _____

   a. Ojalá que no me molestara.
   b. Ojalá que no me moleste.
   c. Ojalá que no me haya molestado.

8. —No puedo dormir porque tengo mucha tos.
   —Pues, tómate este jarabe.
   —¿Para qué?

   _____

   a. Para que hayas dormido bien.
   b. Para que durmieras bien.
   c. Para que duermas bien.

9. —Ya cenaron, ¿verdad?
   —¡Qué va! No fue posible.
   —¿Qué no fue posible?

   _____

   a. Que cenáramos.
   b. Que cenábamos.
   c. Que cenamos.

10. —¡Pobre Inés! Ayer tuvo que ver al médico.
    —¿Qué le recomendó?

    _____

    a. Que come verduras.
    b. Que comiera verduras.
    c. Que ha comido verduras.

11. —Alicia me hizo un favor.
—¿Cómo? ¿Alicia haciendo favores?
——————————————————

    a. Sí, se lo repetí.
    b. Sí, se lo pedí.
    c. Sí, se lo pregunté.

12. —Mamá no sabía que mi hermanito tuviera
     novia.
—¿Ahora sabe?
——————————————————

    a. Sí, vio que ellos se besaban.
    b. Sí, vio que ellos los besaban.
    c. Sí, vio que ellos la besaban.

13. —Aquel chico parece muy joven.
—Quisiera saber cuántos años tiene.
——————————————————

    a. Pues, contéstale.
    b. Pues, pídele.
    c. Pues, pregúntale.

14. —¿Sabes? Ayer vi a Juan Luis.
—¿Todavía estás enojada con él?
——————————————————

    a. No, ya nos hablaron.
    b. No, ya nos hablamos.
    c. No, ya nos hablan.

15. —¿Vamos a tomar una cerveza?
—Gracias, pero no puedo.
—¿Por qué?
——————————————————

    a. Porque mi novio tiene celos de ti.
    b. Porque mi novio tiene un compromiso
       contigo.
    c. Porque mi novio tiene cariño por ti.

16. —Tienen un regalo para ti.
—¡Para mí! ¿Por qué?
——————————————————

    a. Por supuesto.
    b. Por eso.
    c. Por algo será.

17. —Pobre Camila.
—Sí, sus padres no se llevan bien.
——————————————————

    a. Ojalá que no se quieran.
    b. Ojalá que no se divorcien.
    c. Ojalá que no se enamoren.

18. —¿Te gusta este cuadro?
—Sí, los árboles, el río y las montañas están
     muy bien pintados.
——————————————————

    a. De veras es un bodegón muy bonito.
    b. De veras es una estatua muy bonita.
    c. De veras es un paisaje muy bonito.

19. —Parece que mi primo y su novia están
     muy enamorados.
—Sí, pero yo dudo que . . .
—¿Qué dudas?
——————————————————

    a. Que se casaran.
    b. Que se casen.
    c. Que se casarían.

20. —¿Leíste en el periódico que trajeron una
     pintura muy famosa al Nacional?
—Sí, ¿y tú ya la viste?
——————————————————

    a. No, esta tarde voy al museo para verla.
    b. No, esta tarde voy al teatro para verla.
    c. No, esta tarde voy al mercado para
       verla.

Actividad H: Cloze Paragraph. Complete the following note left by a daughter for her mother by writing the appropriate words.

Mamá, _____ favor no me esperes _____ noche para cenar. Espero que no _____ moleste. Todo el día estuve muy _____ . Mi jefe me pidió que _____ al museo por él para hacerle una entrevista a un pintor famoso que _____ de llegar. _____ malo fue que mi jefe me dijo que le preguntara sobre su vida personal como si yo _____ amiga del pintor. Le dije que no lo _____ . Por eso, me despidió. ¡Ay! Casi _____ me olvida decirte que no vengo a cenar esta noche _____ a las siete Andrés y yo _____ vamos a casar y en seguida nos vamos a Europa. No veo la hora _____ casarme. Andrés y yo _____ queremos tanto. Te llamaré cuando _____ de Europa. Un beso, Marta.

Actividad I: Cloze Paragraph. Complete the following personal ad by writing the appropriate words.

Hombre que vive solo _____ una mujer que quiera salir _____ él. Me llamo Mauricio. Soy alto, gordo, con poco pelo y _____ gafas. Preferiría conocer a una mujer que _____ más alta que yo, bonita, que _____ dinero, y que no _____ comprometida. Y además, me gustaría que _____ tratara como si yo _____ una persona muy especial para ella. Poco a poco _____ conoceremos. Prometo que la llevaré _____ teatro, a fiestas y a _____ mejores restaurantes, y claro, yo siempre invitaré. Si Ud. tiene interés en una amistad platónica le pido que _____ al 324-66-77 y _____ por Mauricio.

Actividad J: Cloze Monologue. Complete the following monologue by a museum tour guide by writing the appropriate words.

Y ahora, señores y señoras, entremos al museo de arte. Primero pasaremos por la sala donde _____ la exposición del pintor El Greco. Les _____ que pregunten lo que quieran para que entiendan mejor el arte de este gran _____ . Aunque El Greco no era _____ España, se conoce como uno de los mejores pintores _____ . Como Uds. verán, El Greco _____ principalmente escenas religiosas y retratos. Uds. ven _____ en sus cuadros los cuerpos son muy largos. Algunas personas dicen _____ El Greco estaba enfermo de los ojos y veía las cosas como si _____ muy largas. Otras _____ dicen que él quería que sus pinturas _____ muy espirituales y, por eso, pintaba así. Nunca sabremos _____ era la verdad. En seguida iremos a otras salas. Ojalá que les _____ gustado los cuadros de El Greco.

CAPÍTULO 18

Actividad A: Mini-conversations. Read each of the following conversations and write the letter of the logical response.

1. —Cuando lleguemos a la ciudad de México, quiero ir directamente al hotel.
   —¿Se van a quedar en el hotel María Isabel?

   —_____

   a. No, allí no tuvieron habitación.
   b. No, allí no tenían habitación.
   c. No, allí no han tenido habitación.

2. —¡Qué hambre tengo!
   —Yo también.
   —¿Me invitas a McDonald's?

   —_____

   a. No puedo, ni siquiera tengo un dólar.
   b. No puedo, desde luego tengo un dólar.
   c. No puedo, mientras tanto tengo un dólar.

3. —Ayer compré una lavadora nueva.
   —¿Ya te la trajeron?

   —_____

   a. Sí, todavía.
   b. Ya no.
   c. Todavía no.

4. —¿Sabes? Sí, es verdad.
   —¿Qué es verdad?

   —_____

   a. Que Claudia y Juan Carlos se casen.
   b. Que Claudia y Juan Carlos se casan.
   c. Que Claudia y Juan Carlos se están casando.

5. —Estoy buscando trabajo.
   —¿Qué tipo de empleo?

   —_____

   a. Uno que pague bien.
   b. Uno que paga bien.
   c. Uno que haya pagado bien.

6. —¿Estás enfermo?
   —No, estoy muerto de cansancio.

   —_____

   a. Yo también, no puedo más.
   b. Yo también, vale la pena.
   c. Yo también, sin embargo.

7. —¿Quieres que pidamos pizza?
   —Sí, ¿cómo quieres la tuya?

   —_____

   a. Que no haya tenido cebolla.
   b. Que no tiene cebolla.
   c. Que no tenga cebolla.

8. —¡Pobre Jaime! No pudo tomar el examen.
   —¿Por qué?

   —_____

   a. Tenía dolor de pies.
   b. Tenía el brazo roto.
   c. Tenía tos.

9. —No voy a asistir a clase mañana.
   —¿Ya le pediste permiso al profesor?

   —_____

   a. Sí, ya se lo pedí.
   b. Sí, ya me la pedí.
   c. Sí, ya les pedí.

10. —Me voy a Ecuador de vacaciones, ¿y Uds.?

    —_____

    a. Queríamos ir al Caribe, pero nos importan 500 dólares.
    b. Queríamos ir al Caribe, pero nos parecen 500 dólares.
    c. Queríamos ir al Caribe, pero nos faltan 500 dólares.

Actividad B: Cloze Paragraphs.

1. Complete the following conversation by writing the appropriate words.

—¡Oye, Francisco! No me vas a creer lo que _____ en un periódico.

—A ver, ¿qué es _____ increíble?

—Leí en un periódico de diciembre de 2004 que un hombre compró una casa elegantísima en la Florida para que _____ allí miles de gatos.

—¿Cómo? O me estás tomando el _____ o es un chisme.

—No, no. _____ cierto.

—Entonces, _____ casualidad, ¿no leerías eso en el _____?

—¡Qué va! El artículo _____ en un periódico viejo que alguien _____ dejado en el metro y lo leí para pasar el tiempo.

—¿Y qué más decía el _____?

—Decía que este millonario _____ que Julio Iglesias le vendiera su mansión porque la de él no _____ suficientemente grande para todos los _____.

—Bueno, _____ está bien. Basta _____ mentiras.

—No, es la _____. Te lo prometo.

2. Complete the following conversation by writing the appropriate words.

—¿Qué hay, Lucía? _____ fin se acaba el semestre. ¿Ya terminaste los exámenes?

—¡Ojalá! Todavía me _____ dos. Y cuando _____, quiero dormir el resto de mi vida. ¿Y tú?

—Pues no más estudios para _____. Tú no te has graduado, ¿verdad?

—No, _____ falta un semestre. ¿_____ piensas hacer?

—Pues, ya _____ buscando empleo. Quiero un trabajo en que pueda _____ por todo el mundo y en un lugar donde no _____ frío. Ya no puedo _____ con el frío del norte. Mañana tengo una entrevista en el departamento internacional de un banco y a _____ mejor me dan este trabajo. Hace dos semanas completé la _____ y ayer me llamaron para que _____ a la entrevista. ¡Oye! Hazme un favor. Sácame de un _____ y déjame llevar tu bolso de cuero negro a la _____.

—¡Cómo no! Pero si _____ quieres, tienes que pasar por mi apartamento esta tarde o mañana, antes de _____ yo salga para mi último examen.

3. Complete the following last will and testament by writing the appropriate words.

Yo, Alejandro Preciado, quiero que, _____ me muera, todo

_____ que tengo vaya a las siguientes personas. Para

_____ querida esposa, Pancracia, mi silla favorita, los 500 dólares

_____ tengo en una cuenta de banco y mi tarjeta de

_____ para que _____ gastar los 500 dólares. A mi

hijo mayor, que nunca quiso estudiar y siempre me _____ dinero, le dejo el

libro *Cómo hacerse millonario.* Ojalá que _____ tiempo de leerlo mientras

cambia _____ esposas. Todas mis medicinas que

_____ en el cuarto de baño son para mi hija, Paquita, que cuando

_____ niña siempre decía que _____ enferma y creía

que se _____ a morir muy joven. Le aconsejo que

_____ tome todos los días. Finalmente, para mi amiga, Lolita, los 100.000

dólares que tengo _____ de la cama, mi casa de la ciudad y

_____ de la playa. _____ que ella reciba esto porque

ella me cuidaba cuando yo _____ enfermo. Ésta es mi última voluntad.

ANSWER KEY

CAPÍTULO PRELIMINAR

Actividad A: The Missing Word. 1. te   2. se   3. Cómo   4. Me   5. dónde   6. soy   7. de   8. es   9. De   10. llama   11. llamas

Actividad B: Countries. 1. España   2. Argentina   3. Perú   4. Chile   5. Paraguay   6. Uruguay   7. Ecuador   8. Bolivia   9. Venezuela   10. Colombia   11. Panamá   12. El Salvador   13. Honduras   14. Guatemala   15. Nicaragua   16. Costa Rica   17. México   18. Cuba   19. Puerto Rico   20. (La) República Dominicana   21. (Los) Estados Unidos   22. Italia   23. Inglaterra   24. Alemania   25. Canadá   26. Francia   27. Portugal

Actividad C: Capitals. 1. Madrid   2. Buenos Aires   3. (Ciudad de) México   4. Guatemala   5. San Salvador   6. Tegucigalpa   7. Managua   8. San José   9. Panamá   10. Bogotá   11. Caracas   12. Quito   13. La Paz/Sucre   14. Asunción   15. Montevideo   16. Lima   17. Santiago   18. Ottawa   19. París   20. Londres   21. Roma   22. Lisboa

Actividad D: Spelling. 1. jota   2. ele   3. efe   4. ge   5. hache   6. elle/doble ele   7. eñe   8. ere   9. te   10. equis   11. zeta   12. be/be larga/be grande/be de burro   13. uve/ve chica/ve corta/ve de vaca   14. i griega/ye   15. che/ce hache   16. de   17. pe   18. cu   19. ese   20. ce

Actividad E: Accents. 1. no   2. teléfono   3. no   4. Fernández   5. no   6. no   7. película   8. Canadá   9. república   10. jabón   11. fácil   12. Pacífico   13. México   14. Panamá   15. no   16. Domínguez   17. no   18. América

Actividad F: Cloze Conversations. 1. se; llamo; Ud.; dónde; Soy; Y; de   2. Cómo; gracias; tú   3. Cómo; Me; llamo; De; eres; de; tú; Soy   4. Ud.; Estoy/Muy; Y

CAPÍTULO 1

Actividad A: Numbers. 1. noventa y cuatro   2. diecisiete/diez y siete   3. setenta   4. doce   5. veinticuatro/veinte y cuatro   6. cincuenta y cinco   7. quince   8. cuarenta   9. diecinueve/diez y nueve   10. trece   11. ochenta y seis   12. once   13. veinte   14. noventa   15. catorce   16. cincuenta   17. cien   18. dieciséis/diez y seis   19. ochenta   20. dieciocho/diez y ocho   21. sesenta   22. veintiséis/veinte y seis   23. treinta y dos   24. veintiuno/veinte y uno   25. cuarenta y tres   26. sesenta y siete   27. setenta y ocho   28. treinta

Actividad B: Singular Forms of Nationalities. 1. Ella es nicaragüense.   2. Ella es africana.   3. Ella es colombiana.   4. Él es guatemalteco.   5. Ella es italiana.   6. Él es brasileño.   7. Ella es panameña.   8. Ella es rusa.   9. Él es salvadoreño.   10. Él es chileno.   11. Él es uruguayo.   12. Él es alemán.   13. Él es inglés.   14. Ella es irlandesa.   15. Él es francés.   16. Ella es portuguesa.   17. Ella es canadiense.   18. Ella es alemana.   19. Él es puertorriqueño.   20. Ella es costarricense.

Actividad C: Occupations. 1. actor/actriz   2. hombre/mujer de negocios   3. ama de casa   4. dentista   5. médico/doctor/doctora   6. camarero/camarera   7. economista   8. recepcionista   9. programador/programadora de computadoras   10. deportista   11. secretario/secretaria   12. agente de viajes   13. estudiante/profesor/profesora   14. abogado/abogada

Actividad D: Plural Forms of Nationalities. 1. Ellos son venezolanos.   2. Ellos son ecuatorianos.   3. Ellas son francesas.   4. Ellos son paraguayos.   5. Ellos son europeos.   6. Ellos son portugueses.   7. Ellas son dominicanas.   8. Ellos son hondureños.   9. Ellos son cubanos.   10. Ellos son españoles.   11. Ellos son costarricenses.   12. Ellos son irlandeses.   13. Ellas son peruanas.   14. Ellos son ingleses.   15. Ellos son estadounidenses/norteamericanos.

Actividad E: Singular Verbs. 1. tienes   2. es   3. se llama   4. tiene   5. soy   6. tiene   7. es
8. te llamas   9. es   10. se llama   11. es   12. tengo   13. me llamo   14. eres   15. se llama
16. tiene   17. es   18. tiene   19. eres   20. tiene   21. es   22. tiene   23. soy   24. es

Actividad F: Singular and Plural Verbs.   1. eres   2. tiene   3. se llama   4. sois   5. se llama
6. son   7. tienen   8. soy   9. se llaman   10. es   11. son   12. tenemos   13. son   14. te llamas
15. es   16. tienes   17. se llaman   18. son   19. os llamáis   20. somos   21. tenemos   22. son
23. se llaman

Actividad G: Question Words. 1. Cuántos   2. Cómo   3. De dónde   4. De qué   5. Cuántos
6. Cuál   7. De dónde   8. Cómo   9. Cuál   10. Qué   11. Qué   12. quién   13. de dónde   14. Cuál
15. cómo

Actividad H: Information Questions and Answers.   1. (Mi madre/Ella) Tiene + *age* + años.
2. Me llamo + *your name*.   3. (Yo) Soy de + *city, state, or country*.   4. (Yo) Tengo + *age* + años.
5. (Mi número de teléfono) Es + *telephone number*.   6. (Él) Es + *nationality*.   7. (Tomás/Él) Tiene
+ *age* + años.   8. (Ella) Se llama + *woman's name*.   9. (Paco/Él) Es de + *city, state, or country*.
10. *Two or more names including at least one man's name* + son bolivianos.   11. (Fernando y
Jorge/Ellos) Son de + *city, state, or country*.   12. (Ellos) Se llaman + *two or more names including
at least one man's name*.   13. (Yo) Soy + *your nationality*.   14. (Mi padre/Él) Tiene + *age* + años.
15. (Yo) Soy de + *city, state, or country*.   16. (Ella) Tiene + *age* + años.   17. (Nosotros) Somos de
+ *city, state, or country*.   18. (Ellas) Se llaman + *two or more women's names*.   19. (Mi
madre/Ella) Es de + *city, state, or country*.   20. (Yo) Me llamo + *your name*.   21. (María/Ella) Es
de + *city, state, or country*.   22. (Mi padre/Él) Se llama + *your father's name*.   23. (Nosotros)
Somos + *nationality*.   24. (Ana y Luisa/Ellas) Son de + *city, state, or country*.   25. (Yo) Soy de +
city, state, or country.   26. (Él) Es + *man's name*.   27. (Ella) Es + *woman's name*.   28. (Ellos) Son
de + *city, state, or country*.   29. (Mi madre/Ella) Se llama + *your mother's name*.   30. (Yo) Soy de
+ *city, state, or country*.   31. *Two or more names including at least one man's name* + son cubanos.
32. (Mi padre/Él) Es de + *city, state, or country*.   33. (Mi padre/Él) Tiene + *age* + años.
34. (Nosotros) Somos de + *city, state, or country*.

Actividad I: Questions and Affirmative Answers.   1. Sí, es Ramón./Sí es él.   2. Sí, (Gonzalo/él)
es de Managua.   3. Sí, (yo) soy de Bogotá.   4. Sí, (yo) soy de Viña del Mar.   5. Sí, (Aarón y
Víctor/ellos) son peruanos.   6. Sí, (yo) tengo 21 años.   7. Sí, (ellos) tienen 18 años.   8. Sí,
(nosotros) somos salvadoreños.   9. Sí, (yo) me llamo Margarita.

Actividad J: Questions and Negative Answers.   1. No, (yo) no soy María./No, (yo) soy + *another
name*.   2. No, (yo) no tengo 21 años./No, (yo) tengo + *another age* + años.   3. No, (yo) no soy
canadiense./No, (yo) soy + *your nationality*.   4. No, no son ellas/Paula y Teresa./No, son + *two
other names*.   5. No, (Isabel/ella) no es chilena./No, (Isabel/ella) es + *another nationality*.   6. No,
(yo) no soy de Colombia./No, (yo) soy de + *another country*.   7. No, (yo) no me llamo Pablo./No,
(yo) me llamo + *another name*.   8. No, (nosotros) no somos argentinos./No, (nosotros) somos +
another nationality.

Actividad K: Mini-conversations.   1. b   2. a   3. b   4. c   5. b   6. a

Actividad L: Cloze Paragraph.   Me; Soy; capital; Soy; años; se; es; negocios; llama; es;
colombiana; de; ama

CAPÍTULO 2

Actividad A: Common Objects.   1. cámara   2. periódico   3. estéreo   4. guitarra   5. perfume
6. calculadora   7. pasta de dientes   8. champú   9. computadora   10. jabón   11. máquina de

afeitar   12. radio   13. reloj   14. revista   15. televisor   16. teléfono   17. escritorio   18. novela
19. grabadora   20. móvil/(teléfono) celular

Actividad B: Class Subjects.   1. matemáticas   2. literatura   3. biología   4. arte   5. inglés
6. historia   7. economía   8. sociología

Actividad C: Common Verbs.   1. nadar   2. bailar   3. comer   4. beber   5. estudiar   6. hablar
7. correr   8. esquiar   9. escuchar   10. cantar   11. escribir   12. leer   13. trabajar   14. mirar

Actividad D: Days of the Week.   1. lunes   2. domingo   3. jueves   4. viernes   5. martes
6. sábado   7. miércoles

Actividad E: *El, la, los,* or *las.*   1. la   2. los   3. la   4. el   5. las   6. la   7. la   8. las
9. los   10. el   11. las   12. el   13. la   14. los   15. la   16. el   17. las   18. la   19. el
20. los   21. la   22. el   23. las   24. la   25. el   26. las   27. el   28. el   29. los
30. la   31. el   32. la   33. la   34. el   35. el   36. los   37. la   38. la   39. el   40. los
41. la   42. la   43. el

Actividad F: Singular and Plural Nouns.   1. los discos compactos   2. las sillas   3. las ciudades
4. los lápices   5. las naciones   6. los exámenes   7. las ingenieras   8. los hombres   9. las cintas
10. las mesas   11. las novelas   12. las revistas   13. los periódicos   14. las universidades   15. las
actrices   16. los doctores   17. los televisores   18. los escritorios   19. las camas

Actividad G: *Gustar* + Article + Noun.   1. les   2. me   3. le   4. te   5. le   6. nos   7. te
8. gusta   9. os   10. gusta   11. le   12. gusta   13. nos   14. les/os   15. gusta   16. les
17. gustan   18. gusta   19. gustan   20. les   21. gustan   22. le

Actividad H: *Gustar* + Infinitive or Article + Noun.   1. le   2. gusta   3. gusta   4. gusta   5. gusta
6. gustan   7. nos   8. gusta   9. gusta   10. les   11. gustan   12. gusta   13. le

Actividad I: *Tener que* + Infinitive.   1. tiene   2. tienes   3. tengo   4. tienes   5. tienen   6. tenéis
7. Tiene   8. Tienen/Tenéis   9. Tienen   10. tengo

Actividad J: *Ir a* + Infinitive.   1. vas   2. va   3. voy   4. Va   5. van   6. Vais   7. vamos

Actividad K: Questions and Answers.   1. Sí, (a mí) me gusta bailar./No, (a mí) no me gusta bailar.
2. Sí, tengo que estudiar esta noche./No, no tengo que estudiar esta noche.   3. Sí, (a mí) me gusta
esquiar./No (a mí) no me gusta esquiar.   4. Sí, voy a cantar esta noche./No, no voy a cantar esta
noche.   5. Sí, (nosotros) vamos a trabajar esta noche./No, (nosotros) no vamos a trabajar esta noche.
6. (A mí) Me gusta más beber Coca-Cola/Pepsi.   7. Sí, (Juan/él) va a comprar una computadora./No,
(Juan/él) no va a comprar una computadora.   8. Sí, (a nosotros/a nosotras/a Ana y a mí) nos gusta
nadar./No, (a nosotros/a nosotras/a Ana y a mí) no nos gusta nadar.   9. Es de + *name.*/Es mi estéreo.

Actividad L: Mini-conversations.   1. c   2. a   3. c   4. a   5. b   6. b   7. b   8. c

Actividad M: Cloze Paragraphs.   1. llamo; de; son; un; el; que; es; vamos; noche; a   2. soy; Me;
gusta; a; la; la; gusta   3. que; tengo; mañana; tiene; gusta; trabajar; a esta; nos; música   4. tiene; va;
la; Rico; gusta; un; unos; Tiene; los; universidad

CAPÍTULO 3

Actividad A: Places.   1. la iglesia   2. la farmacia   3. la playa   4. el supermercado   5. la
escuela/la universidad   6. la librería   7. la biblioteca   8. la oficina   9. la piscina   10. el teatro
11. la tienda   12. la agencia de viajes   13. el restaurante/la cafetería

Actividad B: Antonyms.   1. inteligente   2. bueno   3. antipático   4. joven/nuevo   5. rubio
6. bonito/guapo   7. malo   8. joven   9. delgado/flaco   10. largo   11. bajo   12. estúpido/tonto

13. gordo   14. viejo   15. pequeño   16. simpático   17. feo   18. grande   19. corto   20. alto
21. feo   22. inteligente   23. gordo   24. mayor/viejo   25. moreno

Actividad C: Verb Conjugations. 1. aprendo   2. escriben   3. nadamos   4. necesitan   5. viven
6. vende   7. Estudiáis   8. salgo   9. tocan   10. salimos   11. comemos   12. hablas   13. mirar
14. leer   15. necesita   16. Vive   17. compran   18. bebo   19. Regresáis   20. escribe   21. Bailas
22. Escucha

Actividad D: Verbs with Irregular *yo* Forms. 1. traen   2. hago   3. sale   4. veo   5. pongo
6. traer   7. ve   8. sale   9. traigo   10. Salgo   11. traducimos   12. ofrece   13. sé   14. hago
15. traduzco

Actividad E: *Ser* or *estar*. 1. está   2. está   3. es   4. están   5. son   6. está   7. estamos
8. somos   9. están   10. es   11. soy   12. es   13. estamos   14. sois   15. está   16. estás   17. es
18. estoy   19. están   20. es   21. están   22. es   23. Estáis   24. es   25. está   26. está   27. es
28. es   29. está   30. es   31. es

Actividad F: Adjective Agreement. 1. altas   2. simpáticos   3. aburrida   4. inteligentes
5. guapa   6. cómico   7. gordos   8. feo   9. pequeña   10. delgado   11. alta   12. aburrida
13. preocupada   14. enfermos   15. realistas   16. idealista   17. mis   18. nuestra   19. su   20. tus

Actividad G: Adjective Placement. 1. Mi abogado es simpático.   2. Tu doctora está enferma.
3. Mi madre es una ingeniera fantástica.   4. Yo necesito cuatro discos compactos.   5. Ellos tienen
muchos amigos.   6. Nosotros tenemos un examen importante.   7. Ella trabaja en una tienda
pequeña.   8. Nosotros vamos a un restaurante argentino.

Actividad H: Actions in Progress. 1. Estoy estudiando   2. está trabajando   3. está nadando
4. estoy escribiendo   5. Están comiendo   6. Está usando   7. Está leyendo   8. estoy haciendo

Actividad I: Mini-conversations. 1. a   2. c   3. c   4. c   5. a   6. b   7. b   8. c   9. b

Actividad J: Cloze Paragraphs. 1. baja; gordo; bueno; una; mala; son   2. son; de; es; es; está; lee;
profesor; nada; mis   3. trabajamos; necesitamos; es; pequeña; la; mi; muchas; somos; tenemos;
trabaja; trabajo; comemos; al

CAPÍTULO 4

Actividad A: Body Parts/Reflexive Verbs. 1. estómago   2. piernas   3. espalda   4. ojos   5. dedo
6. rodilla   7. codo   8. mano   9. maquillarse   10. escuchar   11. espalda   12. pie   13. oreja

Actividad B: Months. 1. febrero   2. septiembre   3. abril   4. diciembre   5. agosto   6. mayo
7. noviembre   8. julio   9. marzo   10. octubre   11. enero   12. junio

Actividad C: Writing Dates. 1. el dos de abril   2. el primero de mayo   3. el veinticinco/veinte y
cinco de diciembre   4. el cuatro de enero   5. el nueve de agosto   6. el cuatro de julio   7. el
catorce de febrero   8. el treinta de junio   9. el treinta y uno de diciembre   10. el
veinticuatro/veinte y cuatro de diciembre

Actividad D: Seasons. 1. verano   2. invierno   3. verano   4. invierno   5. invierno   6. verano
7. primavera   8. otoño   9. otoño   10. primavera

Actividad E: Reflexive Verbs. 1. se afeita   2. se afeitan   3. me cepillo   4. se lavan
5. nos levantamos   6. os levantáis   7. me levanto   8. se peina   9. ponerte   10. lavar

Actividad F: Reflexives in Questions/Answers. 1. (Yo) Me levanto temprano/tarde.   2. (Yo) Me
baño./(Yo) Me ducho.   3. Sí, (yo) me afeito la barba./No, (yo) no me afeito la barba.   4. Sí,
(Michael Jackson/él) se maquilla mucho.   5. Sí, (nosotros) nos cepillamos los dientes con Crest./No,
(nosotros) no nos cepillamos los dientes con Crest./No, (nosotros) nos cepillamos los dientes con +

another brand.   6. Sí, (yo) me afeito las piernas./No, (yo) no me afeito las piernas.   7. No, no se peina (porque no tiene pelo).

Actividad G: Personal *a* and the Preposition *a*.   1. a   2. —   3. A   4. A; a   5. —   6. a
7. a   8. a   9. —   10. a   11. —

Actividad H: *Saber* vs. *Conocer*.   1. Sabes   2. Conoces   3. saben   4. conoce   5. Sabe   6. sé
7. Conoces   8. Conocen   9. conozco   10. Sabes   11. sabe   12. conozco   13. Sabe

Actividad I: Demonstrative Adjectives and Pronouns.   1. Ese; aquél; este   2. esa; ésa; aquella
3. éste   4. esta; ésa/ésta; aquellas; Aquéllas; Aquéllas

Actividad J: Weather, Months and Seasons.   1. hace frío   2. hace calor   3. el otoño   4. verano
5. invierno   6. nieva   7. hace buen tiempo   8. Diciembre, enero y febrero   9. otoño

Actividad K: Mini-conversations.   1. a   2. b   3. c   4. c   5. b   6. c

Actividad L: Cloze Paragraphs.   1. levanto; quito; me; cepillo; dientes; me; al; la; hace; ropa;
salgo; Desayuno; está; leo   2. de; está; los; poco; ojos; salir; esta; escuchando; leyendo; una; voy;
me; Hay; en

Actividad M: Cloze Conversations.   este; la; de; a; ése; de; son; un; Los; muy; Eso

CAPÍTULO 5

Actividad A: Telling Time.   1. Es la una.   2. Son las diez menos cinco.   3. Son las cinco.   4. Son
las cuatro menos veinte.   5. Son las seis menos cuarto.   6. Son las once.   7. Es la una y cinco.
8. Son las cuatro y cuarto/quince.   9. Son las nueve.   10. Son las seis y veinte.   11. Son las ocho
menos diez.   12. Son las siete.   13. Son las ocho y veinticinco/veinte y cinco.   14. Son las diez y
media.   15. Es la una menos veinticinco/veinte y cinco.   16. Son las dos.   17. Son las tres.
18. Son las dos y diez.

Actividad B: Question/Answer Time Expressions.   1. (El programa) Es a las siete y media.
2. (Yo) Voy a ir a la una y cuarto/quince.   3. Son las tres menos cuarto/quince.   4. (La fiesta) Es a
las ocho.   5. (Pablo) Viene a la una.   6. (La película) Es a las nueve y diez.   7. Son las cinco
menos veinte.   8. (La clase de inglés) Es a las diez y cuatro.

Actividad C: *Tener* Expressions.   1. tenemos frío   2. tiene vergüenza   3. tengo calor   4. tenemos
sueño   5. Tengo miedo   6. tenemos sed   7. tengo hambre

Actividad D: Stem-Changing Verbs.   1. quieres   2. empezando   3. jugamos   4. pides
5. queréis   6. empieza   7. vuelven   8. viene   9. Podéis   10. se acuestan   11. duermes   12. nos
despertamos   13. almorzamos   14. Se prueba   15. sirviendo   16. cuestan   17. nos vestimos
18. cuesta   19. me despierto   20. nos dormimos   21. prefiere   22. digo   23. se acuestan
24. diciendo   25. entendemos   26. perdemos   27. comienza   28. durmiendo   29. vistiéndome
30. Piensan   31. cierra   32. sirve   33. divirtiéndose

Actividad E: Stem-Changing Verbs.   1. Yo empiezo a estudiar a las ocho todos los días.   2. Nos
dormimos en la clase de historia.   3. Yo me despierto temprano todos los días.   4. Yo me divierto
mucho con Víctor y Ana.   5. Nosotros volvemos a casa tarde todas las noches.   6. Nosotros
siempre pedimos cerveza.   7. Yo juego al fútbol los sábados.   8. Nosotros pensamos ir a Cancún
para las vacaciones.   9. Yo quiero ir a un restaurante.   10. Preferimos dormir.   11. Dormimos
ocho horas todas las noches.

Actividad F: Colors.   1. amarillo   2. rojo, blanco y azul   3. azul   4. blanco y negro   5. marrón
6. verde, blanco y gris   7. rojo   8. amarillo   9. negras   10. rosada   11. blancos   12. azules
13. anaranjado   14. morado

Actividad G: Clothes. 1. traje de baño 2. suéter 3. abrigo 4. lana 5. algodón 6. seda
7. cuero 8. vestido 9. corbata 10. media 11. gafas de sol 12. blusas 13. camiseta
14. zapatos 15. botas 16. ropa interior

Actividad H: *Por/para*. 1. por 2. para 3. para 4. Por 5. para 6. por 7. para 8. por
9. Para 10. Por 11. para 12. por 13. por

Actividad I: *Ser/estar*. 1. está 2. es 3. están 4. es 5. están 6. está 7. son 8. es
9. es 10. está 11. son

Actividad J: Mini-conversations. 1. c 2. a 3. a 4. b 5. b 6. c 7. c 8. b 9. c
10. c 11. b

Actividad K: Cloze Paragraph. están; jugando; de; para; seda; gusta; dice; de; que; puedo; visten;
ponen; pantalones; vienen

Actividad L: Cloze Conversation. comprar; para; vestido; unos; gustaría; talla; pequeña; Prefiere;
cuesta; pero; para; color; esta; cuesta; vergüenza; a; las; puede

CAPÍTULO 6

Actividad A: Numbers. 1. novecientos 2. quinientos 3. setecientos setenta 4. mil
5. setecientos 6. ochocientos 7. seiscientos 8. mil 9. cien 10. trescientos 11. cuatrocientos
cuatro 12. un millón 13. doscientos

Actividad B: Prepositions of Location. 1. falso 2. cierto 3. cierto 4. cierto 5. falso 6. falso
7. falso 8. cierto 9. cierto 10. cierto 11. falso

Actividad C: The Preterit. 1. escribieron; escribió; escribí 2. jugaron; jugué; jugamos
3. fueron; Fuimos; fui 4. bebió; bebí; bebió 5. pagaste; Pagué 6. Cantaste; cantaron; cantó
7. empezaste; empecé 8. Habló; hablé 9. dieron; dimos

Actividad D: Change from Present to Preterit. 1. hablé con Juan 2. corrieron cinco kilómetros
3. empecé a estudiar a las siete 4. nos dio un examen 5. miré la televisión por dos horas 6. mis
padres bebieron café 7. nosotros estudiamos mucho 8. ellos cerraron la tienda a las ocho 9. tú
jugaste al fútbol 10. fuimos al cine 11. busqué el periódico 12. él no hizo la tarea 13. me lavé
el pelo

Actividad E: Prepositional Pronouns. 1. ti 2. contigo 3. él 4. mí 5. ella 6. ti

Actividad F: Prepositions. 1. — 2. de 3. — 4. de 5. a 6. — 7. con 8. en/a 9. de
10. a 11. —

Actividad G: Modes of Transportation. 1. el autobús 2. el taxi 3. el barco 4. el camión 5. el
tren 6. la moto/la motocicleta 7. el avión 8. el carro/el coche/el auto 9. la bici/la bicicleta

Actividad H: Family and Modes of Transportation. 1. avión 2. primos 3. cuñado
4. bici/bicicleta 5. tíos 6. nietos 7. metro 8. hermana 9. abuelos 10. carro/coche/auto
11. suegro 12. sobrina 13. camión

Actividad I: Indirect-Object Pronouns. 1. Le 2. Me 3. Les 4. le 5. Nos 6. me 7. Te
8. Le 9. te 10. Le

Actividad J: Position of Indirect-Object Pronouns. 1. — 2. Voy a escribirle mañana. 3. —
4. Vas a darles el dinero, ¿no? 5. — 6. ¿Estás ofreciéndome un trabajo? 7. ¿Qué estás
preguntándome? 8. — 9. ¿Estás hablándonos?

Actividad K: Question/Answer with Indirect-Object Pronouns. 1. Sí, te voy a escribir./Sí, voy a
escribirte. 2. Sí, les mandé los libros. 3. Sí, le ofrecí el trabajo (a ella/a la Sra. Sánchez). 4. Sí,

te conté todo.   5. Sí, nos van a explicar el plan./Sí, van a explicarnos el plan.   6. Sí, me diste las revistas.   7. Sí, (el Sr. Ochoa/él) nos mandó los papeles.

Actividad L: Affirmatives/Negatives.   1. No, no te compré nada.   2. No, no me dijo nada.   3. No, no tengo nada.   4. No voy a hacer nada.   5. No tengo nada.   6. No, no me dio nada.   7. No, no recibimos nada.   8. No, no viene nadie (de mi oficina).   9. No sabe nadie./Nadie sabe.   10. No, (mi hermano/él) nunca estudia./No, (mi hermano/él) no estudia nunca.   11. No, no estudio nunca./No, nunca estudio.   12. Nadie llamó./No llamó nadie.   13. No, mi padre nunca canta./No, mi padre no canta (nunca).   14. No, no veo a nadie.   15. No, no entendí nada.

Actividad M: Mini-conversations.   1. c   2. a   3. a   4. b   5. c   6. a

Actividad N: Cloze Paragraph.   fuimos; playa; nadaron; nunca; comió; bebió; pasaron; político; nadé; me senté; hizo

Actividad O: Cloze Monologue.   que; hice; de; miramos; Le; bailar; me; bailó; hablé; novia; le; está; llegué; cepillé; me; que

CAPÍTULO 7

Actividad A: Hotel and Telephone.   1. una habitación sencilla   2. una llamada de larga distancia   3. una habitación doble   4. el/la empleado/a (de servicio)   5. una llamada a cobro revertido   6. el botones   7. el/la recepcionista   8. media pensión   9. pensión completa

Actividad B: Verbs in the Preterit.   1. pudimos   2. puso   3. tuve   4. leyó   5. siguió   6. vinieron   7. Pudiste   8. Tuvieron   9. dijiste   10. estuvisteis   11. pudo   12. Pusieron   13. quiso   14. tuvimos   15. viniste   16. supieron   17. trajo   18. oyó   19. tradujeron   20. dijo   21. supo   22. estuvo   23. traduje   24. puse   25. quisieron   26. dije   27. estuvieron   28. trajeron   29. me dormí   30. leyeron   31. Oíste   32. vinimos   33. se murió   34. mintió   35. durmieron   36. supieron   37. dijeron   38. pidió   39. Leíste   40. estuvieron

Actividad C: *Hace* + Time Expression + *que*.   1. vivo   2. se murió   3. vi   4. soy   5. terminé   6. llegaron   7. empecé   8. bebo   9. estudio   10. estás

Actividad D: Travel Vocabulary.   1. un vuelo con escala   2. la aduana   3. una maleta   4. un vuelo directo   5. la sección de no fumar   6. un pasaje   7. un pasaje de ida y vuelta   8. llegadas   9. salidas   10. a tiempo   11. retraso   12. la puerta   13. el asiento

Actividad E: Affirmative and Negative Words.   1. algún   2. ninguna   3. ningún   4. algunos   5. algunas   6. ninguna   6. alguna

Actividad F: Direct-Object Pronouns.   1. Juan va a comprarlo./Juan lo va a comprar.   2. ¿La ves?   3. Las tengo.   4. La puse en la maleta.   5. Mis padres lo quieren.   6. La adoro; es muy buena.   7. ¿Lo ayudas mucho con su tarea?   8. ¿Por qué no la esperan Uds.?   9. Estoy esperándolo./Lo estoy esperando.   10. ¿Los escuchaste?

Actividad G: Question/Answer.   1. Sí, los mandé.   2. Sí, te quiero.   3. Sí, te entendí.   4. Sí, los escribió.   5. Sí, lo trajo.   6. Sí, los llevamos.   7. Sí, te estoy escuchando./Sí, estoy escuchándote.   8. Sí, lo lavamos.   9. Sí, lo mandó.   10. Sí, la estamos mirando ahora./Sí, estamos mirándola ahora.   11. Sí, (la Sra. Beltrán) la leyó.   12. Sí, las voy a mandar./Sí, voy a mandarlas.

Actividad H: Mini-conversations.   1. a   2. b   3. c   4. b   5. b   6. a   7. b   8. c   9. a   10. c

Actividad I: Cloze Paragraphs.   1. fui; a; fuimos; café; hora; llegué; Fue; escribí; las; una; salí; fue; algo; sirve; autobús; que; dormí; estoy   2. tuvimos; yo; de; dejó; fuimos; compró; la; se; cafetería; la; ninguna; hotel; pasajes; pudimos; que; Los; perdimos; muy

Actividad J: Cloze Paragraph. Viñolas; vuelta; que; fue; viajes; dijeron; pasaje; dinero; cambiarlo; más; leyó; no; va

Actividad K: Cloze Conversation. días; larga; llamada; Quisiera; la; este; dejarle; por; la; quisieron; la; nada; aduana

Actividad L: Cloze Paragraph. ida; está; maletas; hay; de; a; Salida; Escala; a; Asiento; de; en; Llegada; aduana

CAPÍTULO 8

Actividad A: Ordinal Numbers. 1. octavo   2. quinto   3. segundo   4. noveno   5. sexto
6. primero   7. séptimo   8. tercero   9. décimo   10. cuarto

Actividad B: Rooms of a House. 1. el baño   2. el comedor   3. la sala   4. el dormitorio   5. la cocina   6. el baño   7. la sala   8. el dormitorio   9. el comedor   10. el balcón   11. el garaje
12. la cocina   13. la sala   14. el dormitorio

Actividad C: Furniture and Appliances. 1. horno   2. sofá   3. nevera   4. lavabo   5. espejo
6. congelador   7. alfombra   8. fregadero   9. estufa

Actividad D: Subjunctive in Adjective Clauses. 1. pueda   2. tenga   3. sepa   4. sea   5. sabe
6. esté   7. guste   8. sea   9. quiere   10. tenga   11. es   12. sea   13. sea

Actividad E: *Ya* and *todavía*. 1. ya   2. Todavía   3. Ya   4. Todavía   5. Todavía   6. Todavía
7. Ya

Actividad F: Subjunctive, Indicative, Infinitive. 1. comer   2. tengas   3. des   4. vaya
5. escriban   6. hable   7. trabajar   8. miente   9. funcione   10. sea   11. hagas   12. hacer
13. coman   14. venir   15. empiece   16. mintamos   17. durmamos   18. pagar   19. se levanten
20. beban   21. esté   22. pague   23. compre   24. entendamos   25. salgan   26. saber   27. diga
28. estemos   29. decir   30. fume

Actividad G: Question/Answer. 1. Sí, (yo) quiero que (tú) vayas.   2. Sí, le aconsejo (a Juan) que escriba una carta.   3. Sí, (mis padres/ellos) me prohíben que fume.   4. Sí, les aconsejo que (Uds.) salgan (de aquí)./Sí, os aconsejo que salgáis (de aquí).   5. Sí, (mis padres/ellos) quieren que (nosotros) asistamos a la universidad.   6. Sí, te aconsejo que uses el Manual de laboratorio.   7. Sí, espero que (Ana/ella) vuelva pronto.   8. Sí, quiero que (Uds.) me manden cartas.   9. Sí, quiero que estas preguntas terminen.

Actividad H: Mini-conversations. 1. a   2. b   3. b   4. c   5. c   6. a   7. a

Actividad I: Cloze Paragraph. busca; tenga; sol; Me; música; hagan; a

Actividad J: Cloze Paragraph. hable; con; es; nada; aconsejo; le; lista; jefe; de; escribe; le; sepa; cuenta; quiere; ser

CAPÍTULO 9

Actividad A: Hobbies. 1. hacer crucigramas   2. jugar con juegos electrónicos/videojuegos
3. jugar (a las) cartas   4. cocinar   5. arreglar el carro   6. coleccionar monedas/sellos   7. coser
8. cuidar plantas/jardinería   9. escribir cartas/poesías   10. hacer rompecabezas   11. pintar
12. tejer   13. jugar (al) ajedrez

Actividad B: Kitchen Items. 1. una cuchara   2. un cuchillo   3. un/a sartén   4. una taza   5. un vaso   6. un tenedor   7. una servilleta   8. un plato   9. una olla

Actividad C: Foods. 1. huevo   2. sal y pimienta   3. cebolla   4. queso   5. tomate   6. fruta
7. aceite y vinagre   8. jamón

Actividad D: Food Preparation. 1. cortar   2. poner   3. añadir   4. revolver   5. freír   6. darle la vuelta

Actividad E: Doubt or Certainty. 1. odia   2. tenga   3. sepas   4. pueda   5. viene   6. es
7. jueguen   8. empiece   9. salga   10. pueda   11. necesito   12. deban   13. sea   14. pueda
15. tengamos   16. tenemos   17. guste   18. son   19. comer   20. vengan   21. sea   22. esté
23. ir   24. trabajan

Actividad F: Adverbs Ending in -*mente*. 1. rápidamente   2. frecuentemente   3. fácilmente
4. Generalmente   5. inmediatamente   6. constantemente   7. divinamente   8. solamente
9. tranquilamente

Actividad G: Expressing Emotion. 1. mienta   2. esté   3. poder   4. escriba   5. crean   6. quieras
7. esquiar   8. estén   9. vaya   10. funcione   11. guste

Actividad H: Passive and Impersonal *se*. 1. se corta   2. Se revuelven   3. Se abre   4. Se pone
5. Se corta   6. Se cortan   7. Se añade   8. Se come   9. Se necesita   10. se habla   11. Se dice

Actividad I: *Por/para, tuvo/tenía, fue/era*. 1. por   2. eran   3. tenía   4. por   5. tuve   6. Era
7. por   8. por   9. Para   10. tenía   11. Eran   12. Para   13. por

Actividad J: Mini-conversations. 1. b   2. a   3. a   4. b   5. c   6. a   7. c   8. b   9. a
10. c   11. a   12. c

Actividad K: Cloze Paragraph. las; que; la; para; en; llegues; esté; jugar; que; van; jugar; por; para; ingredientes; y; dinero; un; a; tenga; esta; por

Actividad L: Cloze Paragraph. puede; Se; necesite; unos; por; tiempo; estampillas; juegos; más; por; para

CAPÍTULO 10

Actividad A: Mail and the Internet. 1. una carta   2. un buzón   3. el/la cartero   4. (están haciendo) cola   5. un paquete   6. una tarjeta postal   7. un sello   8. un sobre   9. la dirección
10. el remite   11. arroba   12. buscador   13. la red   14. dos puntos   15. barra barra   16. punto
17. sitio   18. correo electrónico/email/mensaje electrónico   19. navegar (por)

Actividad B: Sports Equipment. 1. los bates, los guantes, una pelota   2. un balón, los cascos
3. los palos, una pelota   4. las raquetas, una pelota   5. los guantes   6. los patines de hielo, los guantes, los cascos   7. los esquíes   8. las bolas de bolos   9. los patines en línea   10. los patines de hielo

Actividad C: Verbs Like *gustar*. 1. me fascinan   2. nos encantó   3. le faltan   4. nos encantó
5. te pareció   6. me parecen   7. le encanta   8. les encanta   9. os parece   10. le falta
11. te pareció

Actividad D: Combining Direct- and Indirect-Object Pronouns. 1. Te la voy a mandar./Voy a mandártela.   2. Se las compré para su cumpleaños.   3. ¿Quieres que te los mande?   4. Nos fascina el apartamento.   5. Nos los compró.   6. Siempre me los escribía.   7. Mi padre me lo regaló.   8. Se los voy a comprar./Voy a comprárselos.   9. ¿Se lo diste?   10. Me gustan tus guantes.   11. ¿Me lo estás pidiendo?/¿Estás pidiéndomelo?

Actividad E: Question/Answer with Double-Object Pronouns. 1. Sí, te lo compré.   2. Sí, te la mandé.   3. Sí, te estoy escuchando./Sí, estoy escuchándote.   4. Sí, te lo voy a preparar./Sí, voy a preparártelo.   5. Sí, (mi padre/él) se la regaló (a mi madre).   6. Sí, (el médico/él) nos los dio.

7. Sí, (Ramona/ella) me los dio.   8. Sí, (mis padres/ellos) se lo van a comprar./Sí, (mis padres/ellos) van a comprárselo.   9. Sí, le voy a escribir./Sí, voy a escribirle.   10. Sí, (tú) me lo puedes mandar (este verano)./Sí, puedes mandármelo (este verano).   11. Sí, (yo) se lo di (a Rodrigo y a Ana/a ellos).

Actividad F: The Imperfect. 1. hacía   2. tenían   3. erais   4. leíamos   5. íbamos   6. mandaba   7. creían   8. compraba   9. tenían   10. éramos   11. nadaba   12. llegaba   13. jugábamos   14. veía   15. había   16. era   17. iba

Actividad G: Imperfect or Preterit. 1. vivíamos   2. vimos   3. Hacía   4. pude   5. era   6. nos levantábamos   7. Había   8. fuimos   9. tenía   10. leía   11. empezó   12. era   13. estaba   14. iba   15. fue   16. Eran   17. Tenía

Actividad H: Mini-conversations. 1. a   2. c   3. b   4. c   5. b   6. c   7. a   8. a   9. b   10. c   11. b   12. a

Actividad I: Cloze Paragraphs. 1. estés; hace; me; me; pero; tiempo; a; a; se; tenía; era; me; enseñó; de; era; por   2. si; pasado; fui; partido; Rico; eran; bajos; Estados; era; lo; estaba   3. que; correo; tarjetas; las; a; echo; visitar; pueda; vengas

Actividad J: Cloze Paragraph. era; tenía; Vivía; Uruguay; vida; iba; con; niño; íbamos; hacía; fría; días; comenzó; en; tenía; primera; libro; era; lo; se; tenía; se; era

CAPÍTULO 11

Actividad A: Health and Medications. 1. tener escalofríos   2. tener una fractura   3. la sangre   4. una radiografía   5. estar resfriado/tener catarro/tener resfrío   6. una infección/fiebre   7. una herida   8. tener diarrea   9. fiebre   10. toser   11. (tienen) náuseas   12. (tiene) buena salud   13. una enfermedad   14. está mareada   15. el jarabe   16. la aspirina   17. la cápsula   18. la receta médica   19. la inyección   20. el antibiótico

Actividad B: The Car. 1. el baúl   2. el volante   3. el acelerador   4. el aire acondicionado   5. el (espejo) retrovisor   6. el embrague   7. el freno   8. el/la radio   9. el limpiaparabrisas   10. las luces   11. las llantas   12. el parabrisas   13. el tanque de gasolina   14. el aceite   15. la batería   16. la matrícula/placa   17. el cinturón de seguridad   18. arrancar   19. revisar (el motor)

Actividad C: Preterit or Imperfect. 1. llamó   2. miraba   3. tenía; fui   4. Hacía; decidimos   5. compraba   6. se sentaban   7. tenía; se murieron   8. vine   9. salió; fue; pidió   10. manejaban; chocaron   11. veían; oyeron; estaba   12. estaba; vi   13. arreglé   14. llegué; me senté; leí   15. Eran; llegó   16. Nevaba; hacía; tenían   17. se acostaban   18. estudiaba; practicaba   19. trabajaban; compraron   20. estábamos; empezaron   21. éramos; nos acostábamos   22. empezó   23. lloraba; gritaba   24. visitó   25. Había; cantaban; bailaban; llamó   26. decidió   27. era; vivía   28. Estaba; jugaron   29. vivieron   30. se duchaba; sonó   31. empezó   32. estaba; entró; pasaba   33. tuvo   34. caminábamos; oímos   35. paramos; dejó; dio   36. tosía; estornudaba; tenía   37. visitaron; vieron   38. perdió   39. Eran; terminamos   40. caminaban; vieron   41. llegasteis   42. vieron   43. empezó   44. Era; llamó   45. se casaron   46. era   47. salió   48. vivías; comías   49. era   50. saliste   51. se murió; tenía   52. quería; decidí   53. pusiste   54. pudimos   55. debía; quería   56. llamé   57. visitábamos   58. hablaba; gritaba

Actividad D: More Preterit or Imperfect. 1. iba   2. tenía; compró   3. conociste   4. ibas; fuiste   5. tuvimos; dio   6. supimos   7. era; sabía; existía; decía; quería   8. íbamos; tuvimos   9. conocieron   10. tenían; salieron   11. íbamos   12. conoció   13. vivía; conocía   14. tenía; encontré   15. conocíamos; pasábamos

Actividad E: Past Participles as Adjectives. 1. arreglados   2. traducido   3. terminadas   4. perdida   5. pedida   6. casados   7. sorprendido   8. vestidos   9. mandada   10. cerrada

11. sentadas   12. acostado   13. levantado   14. vendidos   15. enojado   16. preparados
17. invitada   18. servida   19. lavado   20. repetida

Actividad F: Mini-conversations.   1. b   2. a   3. a   4. c   5. b   6. a   7. c   8. b   9. c
10. b   11. a   12. a   13. c   14. b   15. c   16. b   17. a

Actividad G: Cloze Paragraph.   estaban; accidente; años; manejaba; de; iba; chocaron; ayudaron;
tenían; mucho; cinturón; estaba; estaba; dijeron; tuvieron; hospital

Actividad H: Cloze Conversation.   está; bien; mucha; empezó; estaba; iba; para; verdad; Tuve;
volví; una; receta; un; cerrada; farmacia

Actividad I: Cloze Paragraph.   Eran; en; llamó; su; tenía; una; estaba; se; tuvo; al; llamó; estaba;
Tenía; que; sea; quiere; por; muy; Dijo; por; costaba

CAPÍTULO 12

Actividad A: Instruments and Foods.   1. filete   2. trompeta   3. ajo   4. carne de res   5. cordero
6. batería   7. helado   8. pavo

Actividad B: Geography.   1. puente   2. selva   3. valle   4. campo   5. costa   6. bosque

Actividad C: Geography.   1. selva   2. colina   3. playa   4. montaña   5. puente   6. río
7. océano   8. puerto/ciudad   9. volcán   10. autopista   11. isla   12. lago   13. valle   14. catarata
15. bosque   16. campo

Actividad D: Negatives.   1. ni; ni   2. Nadie/Ninguno/Nunca   3. ninguno   4. ni; ni   5. nada
6. ni   7. nada   8. ni   9. Ninguna   10. ni   11. nada   12. ni

Actividad E: Preterit vs. Imperfect.   1. visitábamos; vivían   2. fueron; estudiaron   3. hizo
4. trabajaba; comíamos   5. había   6. Vieron   7. vivía; iba   8. Abrieron   9. bailaban; eran
10. caminaba; hacía   11. Estaba; oímos   12. salíamos; comíamos; íbamos; tenía; íbamos; encantaba
13. tuvimos; salí   14. Sabía; dolía   15. empezaron   16. nevaba; tomaba   17. tenía; estaba   18. se
levantó; se dio; tenía   19. nadábamos   20. tenía; salíamos   21. perdí   22. quería; conoció
23. iba; quería; hacía   24. pidió

Actividad F: Past Participles as Adjectives.   1. abierta   2. escritas   3. hecha   4. muertos
5. roto   6. abierto   7. dicho   8. puesta   9. hechas   10. pedido   11. lavados   12. servido
13. hecho   14. escrito   15. vestida   16. rota

Actividad G: Comparatives and Superlatives.   1. más alto que Felipe   2. menos inteligente que
Pepe   3. mayor que Felipe   4. menor que su hermano   5. la peor de mis tres hijas   6. la más
simpática de los cuatro perros   7. mejor que David   8. más simpática que Carmen   9. el mejor de
todos mis profesores   10. más bajo que Jorge   11. la menor de las tres

Actividad H: *De, que; más, menos; el, la, los, las.*   1. de   2. que   3. el; de   4. de   5. que   6. de
7. los; de   8. menos de   9. de   10. la

Actividad I: The Absolute Superlative *(-ísimo).*   1. Paula es simpatiquísima.   2. Estas lentejas
están buenísimas.   3. El examen fue facilísimo.   4. El carro de Guillermo es rapidísimo.   5. La
clase de historia me pareció larguísima hoy.   6. El niño está felicísimo hoy porque es su
cumpleaños.   7. Juanita es bajísima.   8. Las tortillas de mi madre son riquísimas.

Actividad J: Mini-conversations.   1. b   2. c   3. a   4. a   5. a   6. c   7. b   8. c   9. b
10. c   11. b   12. a   13. a

Actividad K: Cloze Paragraph.   pasada; Había; del; para; la; selva; grupos; ciudades; escritas; más;
hoy; ni; el

Actividad L: Cloze Conversation. ibas; pude; Fuiste; ni; ni; te; me; ni; eran; tocaba; era; mejor; tocaban; qué; puedo; de; estaba; a; muchísimo

Actividad M: Cloze Paragraph. era; muchas; tenía; de; la; se; era; que; A; a; fríos; estaba; hacía; nadando; de; para; a; estaba; buscarlo; ni; perro; estaban; dos

CAPÍTULO 13

Actividad A: Travel Vocabulary. 1. el/la chofer 2. la entrada 3. las excursiones 4. el/la guía turístico/a 5. los impuestos 6. el itinerario 7. libre 8. opcionales 9. la propina 10. el/la taxista 11. el traslado

Actividad B: Directions. 1. una esquina 2. subió 3. bajó 4. cruzar 5. dobló 6. pasó

Actividad C: Present Perfect. 1. Has comido 2. Han ido 3. he corrido 4. has sacado 5. Ha escrito 6. han bailado 7. ha bebido 8. Ha trabajado 9. he visto 10. ha tenido

Actividad D: Present Perfect vs. Present Perfect Subjunctive. 1. hayan salido 2. Han ido 3. he visto 4. hayamos venido 5. Has comido 6. hayan vuelto 7. haya terminado 8. ha manejado 9. Habéis viajado 10. han dicho 11. haya estudiado 12. haya ido 13. hayan llegado 14. ha trabajado 15. Ha usado 16. haya tenido

Actividad E: Unintentional Occurrences. 1. Se le perdieron 2. se nos quemaron 3. Se le cayó 4. Se le quemó 5. Se nos olvidó 6. Se te olvidó 7. se me perdieron 8. se le perdieron 9. se le rompió 10. se me olvidó

Actividad F: Comparisons of Equality. 1. tantos 2. tan 3. tanto 4. tan 5. tantos 6. tanto 7. tanta 8. tan 9. tantos 10. tantas 11. tan 12. tantos 13. tan

Actividad G: Formal Commands. 1. Hablen con la policía. 2. No lleguen tarde. 3. No la coma. 4. Abróchense el cinturón de seguridad. 5. No los compren. 6. Dígaselo. 7. No fumen. 8. No lo toquen. 9. Siéntense allí. 10. No hagan eso. 11. Salga ahora mismo. 12. Doblen a la derecha en la esquina. 13. No empiecen ahora. 14. Bajen del autobús ahora.

Actividad H: Mini-conversations. 1. a 2. a 3. b 4. c 5. c 6. b 7. b 8. b 9. a 10. a 11. a 12. a

Actividad I: Cloze Paragraph. ha; Ud.; viajado; e; agencia; modernas; Colombia; en; Visite; excursiones; guía; precio; tan; si; viajado; nuestros; le; oficinas

Actividad J: Cloze Paragraph. He; llamado; hayas; como; te; se; para; ni; tomen; cuadras; doblen; a; que; esta

CAPÍTULO 14

Actividad A: Places of Interest. 1. zoológico 2. monasterio 3. cementerio 4. pirámides 5. mezquitas; sinagogas; catedrales *(Note: the word* iglesias *instead of* catedrales *makes sense, but is gramatically incorrect in the sentence: not* **y,** *but* **e iglesias)** 6. acuario 7. embajada 8. consulado 9. palacio 10. ruinas; anfiteatros; acueductos 11. parque de atracciones

Actividad B: Money. 1. caja 2. cheques de viajero 3. efectivo 4. cambio 5. moneda 6. billetes 7. sacar 8. tarjetas de crédito 9. firmar 10. cambio

Actividad C: Animals. 1. elefante 2. pez 3. toro 4. vaca 5. gato 6. pájaro 7. mono 8. oso 9. caballo 10. perro 11. león 12. gato 13. serpiente 14. gallina

Actividad D: Informal Commands. 1. No lo toques. 2. Acuéstate ahora. 3. Haz la cama antes de salir. 4. No lo comas. 5. Siéntate. 6. No lo empieces ahora. 7. Sal de aquí. 8. Escríbeselo. 9. No se lo mandes. 10. Ven mañana. 11. No vengas a mi apartamento. 12. Véndeselo. 13. No hagas eso. 14. Ponlos en el armario. 15. No vayas a clase hoy. 16. Ve a la tienda. 17. Cómpramelo. 18. Sé bueno. 19. Di la verdad. 20. No se lo digas nunca. 21. Ten cuidado. 22. Deja de molestar a la gente. 23. Levántate.

Actividad E: Indirect Commands. 1. salgas 2. hace 3. llamen 4. tenga 5. es 6. necesitas 7. va 8. llames 9. viene

Actividad F: Nominalization. 1. Me gustan tus pantalones negros y los azules. 2. Necesito un diccionario español y uno francés. 3. ¿Vas a comprar la falda verde y la rosada? 4. El carro que quería comprar y el que compré eran muy diferentes. 5. Tenemos un bolígrafo rojo y uno negro. 6. Terminé la novela de aventuras y también la de Isabel Allende. 7. Me gustan los discos compactos de salsa y los de jazz.

Actividad G: Long Forms of Possessive Pronouns. 1. El mío 2. el tuyo 3. Los nuestros 4. el suyo 5. El mío 6. La mía 7. el tuyo 8. el suyo 9. El nuestro

Actividad H: Mini-conversations. 1. c 2. a 3. a 4. b 5. c 6. b 7. a 8. b 9. a 10. c 11. b 12. b 13. c

Actividad I: Cloze Conversation. deja; Ya; vengas; acuerdo; Todavía; nuestras; o; por; una; lugares; las; dime; Mira; ni; de; seas; son

Actividad J: Cloze Paragraph. hace; lado; grupo; médico; tiene; tome; otro; bien; desayunamos; está; frutas; nuestro; El; agua; cambiar; perdieron; viene

CAPÍTULO 15

Actividad A: The Environment. 1. la contaminación 2. la fábrica 3. la lluvia ácida 4. la energía solar 5. reciclar 6. la basura 7. nuclear 8. la extinción 9. conservar

Actividad B: Adjectives. 1. agresiva 2. cobarde 3. perezosos 4. ignorantes 5. honrada 6. amable 7. ambicioso 8. orgullosos 9. sensatos 10. valiente 11. amable 12. creído 13. insoportable 14. testarudo 15. justa

Actividad C: Subjunctive in Adverbial Clauses. 1. llego 2. puedas 3. fui 4. tenga 5. deje 6. salgan 7. visité 8. termine 9. lleve 10. termine 11. entienda 12. ganaron 13. gane 14. dijeron 15. llegue 16. hable 17. levantó 18. reciba

Actividad D: Suggesting and Inviting. 1. ¡Levantémonos! 2. ¡Nademos! 3. ¡Sentémonos aquí! 4. ¡Estudiemos ahora! 5. ¡Escribámoslo! 6. ¡Volvamos! 7. ¡Comámoslo! 8. ¡Esquiemos! 9. ¡Hagámoslo! 10. ¡Visitémoslas! 11. ¡Empecémoslo! 12. ¡Acostémonos!

Actividad E: *Qué* or *cuál*. 1. Cuál 2. Qué 3. Cuáles 4. Cuál 5. Qué 6. Cuál 7. Qué 8. Qué 9. Cuál 10. Qué 11. Qué 12. Cuál 13. Cuál 14. Qué 15. Qué 16. Cuál 17. Qué 18. qué 19. Cuál 20. Qué 21. Qué 22. Cuáles 23. Qué 24. Qué 25. Qué 26. Cuál 27. qué

Actividad F: Pluperfect. 1. habíamos llegado 2. había comido 3. habían comprado 4. había estado 5. había estado 6. habían estudiado 7. había visitado 8. había ido 9. había salido

Actividad G: *Por* Expressions. 1. por eso 2. Por si acaso 3. por hora 4. por lo menos 5. Por casualidad 6. Por supuesto 7. Por suerte

Actividad H: Relative Pronouns. 1. lo que 2. que 3. quien 4. que 5. Lo que 6. que 7. que 8. quien 9. que 10. Lo que 11. Lo que 12. que 13. que 14. quienes

Actividad I: Mini-conversations. 1. b   2. a   3. c   4. b   5. a   6. c   7. b   8. b   9. a
10. c   11. c   12. a   13. c   14. b   15. a   16. b

Actividad J: Cloze Paragraph. el; necesario; para; de; ácida; habían; habían; la; qué; Lo; solar; basura; selva; esté; tarde; ambiente

Actividad K: Cloze Conversation. estabas; había; quien; para; cuál; por; Por; difícil; a; estoy; había; que; hasta; por; cuando

CAPÍTULO 16

Actividad A: Photos and Glasses. 1. lentes de contacto   2. enfocar   3. oculista   4. revelar
5. pila   6. flash   7. rollo/carrete   8. anteojos/gafas   9. álbum   10. color

Actividad B: Employment. 1. recomendación   2. contrato   3. curriculum (vitae)   4. despidieron
5. entrevista   6. solicitud   7. títulos   8. tiempo parcial   9. tiempo completo   10. solicitar
11. sueldo   12. seguro médico   13. experiencia   14. puesto/trabajo/empleo   15. desempleo

Actividad C: The Future. 1. tendrán   2. comeré   3. sabrá   4. estarás   5. iremos   6. llamaré
7. saldrán   8. venderá   9. pediré   10. podremos   11. pondré   12. jugará   13. darán
14. Vendrán   15. viajarán   16. Correrá   17. diré   18. se sentará

Actividad D: The Conditional. 1. haría   2. aceptaría   3. vendrían   4. hablaría   5. podría
6. compraría   7. pondría   8. escribiría   9. Preferirían   10. querría   11. pensaríamos
12. ayudaría   13. iría   14. terminarían

Actividad E: Expressing Probability. 1. tendría   2. estarán   3. pagaría   4. Estará   5. tendrá
6. diría   7. estarán   8. sería   9. Habrá   10. Estarían

Actividad F: Adverbial Clauses. 1. venga   2. ofrezca   3. salir   4. tenga   5. traigas   6. decir
7. sepas   8. se despierte   9. comer   10. necesiten   11. entender   12. sepa   13. venga   14. hacer
15. ocurra   16. necesites   17. veas   18. decir

Actividad G: Mini-conversations. 1. a   2. a   3. c   4. b   5. a   6. a   7. c   8. b   9. a
10. b   11. c   12. c   13. a   14. c   15. b   16. b   17. a   18. a   19. c

Actividad H: Cloze Paragraph. que; tenga; solicitud; recomendación; sea; trabajar; tendrán; que; Lo; las; entrevistas; Será

Actividad I: Cloze Monologue. un; los; ir; dije; salieran; por; vasos; fiesta; Qué; menos; son; ser; limpiar; vuelvan

CAPÍTULO 17

Actividad A: Art. 1. una copia   2. obra maestra   3. dibujar   4. pintor   5. escena   6. bodegones
7. estatua   8. original   9. escultor   10. un retrato

Actividad B: Love. 1. novios   2. amante   3. aventura amorosa   4. comprometidos   5. corazón
6. se divorciaron   7. celosa   8. pareja   9. odia   10. pelearse   11. se separaron   12. celoso
13. soledad   14. se enamoró

Actividad C: *Preguntar* vs. *Pedir*. 1. preguntar   2. preguntó   3. pidieron   4. pido   5. preguntó
6. pidió   7. pedí   8. preguntar   9. pidieron   10. piden   11. preguntar   12. preguntaron
13. pedir   14. pidieron   15. preguntó   16. pregunta   17. pedir

Actividad D: The Imperfect Subjunctive. 1. gustara   2. sepa   3. fuera   4. haya llegado
5. estudiáramos   6. aceptara   7. entiendas   8. tuviera   9. llame   10. existiera   11. perdiera

12. quiera   13. se casen   14. viera   15. comprara   16. se hayan ido   17. se divorciaran
18. tenga   19. salieras

Actividad E: Reciprocal *se*.   1. Ellos se besan.   2. Nosotros nos miramos.   3. Ellos se odian.
4. Nosotros nos abrazamos.   5. Ellos se amaban.   6. Ellos se escribían.   7. Ellos se estaban besando
cuando los vieron.   8. Nosotros nos queremos.

Actividad F: Hypothetical Situations.   1. estudiaría   2. estaríamos   3. estuviera   4. pudieras
5. tengo   6. visitará/va a visitar   7. hacemos   8. tuviera   9. serían   10. ofrecen   11. supieran
12. estudio   13. tuviéramos   14. Ganaríamos   15. saldré/voy a salir   16. viviera   17. tuviera
18. estaremos/vamos a estar   19. ganáramos

Actividad G: Mini-conversations.   1. b   2. a   3. c   4. b   5. c   6. a   7. a   8. c   9. a
10. b   11. b   12. a   13. c   14. b   15. a   16. c   17. b   18. c   19. b   20. a

Actividad H: Cloze Paragraph.   por; esta; te; ocupada; fuera; acaba; Lo; fuera; haría; se; porque;
nos; de; nos; regrese

Actividad I: Cloze Paragraph.   busca; con; llevo; fuera; tuviera; estuviera; me; fuera; nos; al; los;
llame; pregunte

Actividad J: Cloze Monologue.   está; pido; artista; de; españoles; pintó; que; que; fueran; personas;
fueran; cuál; hayan

CAPÍTULO 18

Actividad A: Mini-conversations.   1. b   2. a   3. c   4. b   5. a   6. a   7. c   8. b   9. a
10. c

Actividad B: Cloze Paragraphs.   1. leí; lo; vivieran; pelo; Es; por; *Enquirer;* estaba; había; artículo;
quería; era; gatos; ya; de; verdad   2. Por; faltan; termine; mí; me; Qué; estoy; viajar; haga; más; lo;
solicitud; fuera; apuro; entrevista; lo; que   3. cuando; lo; mi; que; crédito; pueda; pedía; tenga; de;
están; era; estaba; iba; las; debajo; la; Quiero; estaba